***ACCESO GRATIS** a la Lectura en la Nube*

Para visualizar el libro electrónico en la nube de lectura envíe junto a su nombre y apellidos una fotografía del código de barras situado en la contraportada del libro y otra del ticket de compra a la dirección:

ebooktirant@tirant.com

En un máximo de 72 horas laborales le enviaremos el código de acceso con sus instrucciones.

DERECHO PROCESAL CIVIL Y FAMILIAR

Guía para comprender el nuevo sistema del Código Nacional de Procedimientos Civiles y Familiares

DERECHO PROCESAL CIVIL Y FAMILIAR

Guía para comprender el nuevo sistema del Código Nacional de Procedimientos Civiles y Familiares

JORGE RIVERO EVIA

tirant lo blanch
Ciudad de México, 2024

© EDITA: TIRANT LO BLANCH
DISTRIBUYE: TIRANT LO BLANCH MÉXICO
Av. Tamaulipas 150, Oficina 502
Hipódromo, Cuauhtémoc, 06100, Ciudad de México
Telf: +52 1 55 65502317
infomex@tirant.com
www.tirant.com/mex/
www.tirant.es
ISBN: 978-84-1056-078-9

Si tiene alguna queja o sugerencia, envíenos un mail a: *atencioncliente@tirant.com*. En caso de no ser atendida su sugerencia, por favor, lea en *www.tirant.net/index.php/empresa/politicas-de-empresa* nuestro Procedimiento de quejas.

Responsabilidad Social Corporativa: http://www.tirant.net/Docs/RSCTirant.pdf

A mitad del camino de la vida, en una selva oscura
me encontraba porque mi ruta había extraviado.

Dante Alighieri
"La divina comedia"

ÍNDICE

Capítulo 4
Pruebas

Capítulo 5
Los procedimientos civiles

Capítulo 6
Los procedimientos familiares

Capítulo 7
La justicia digital y los recursos

PRÓLOGO

El presente libro elaborado por el Dr. Jorge Rivero Evia, nos muestra su extensa experiencia como investigador, docente y juzgador, ya que presenta de forma teórica y práctica una ruta para comprender el nuevo sistema del Código Nacional de Procedimientos Civiles y Familiares, para ello el autor comienza analizando los antecedentes del CNPCF, situándolos desde 1994 donde se inicia una búsqueda nacional para crear las condiciones institucionales que permitan a los poderes judiciales cumplir sus funciones garantizándoles: independencia respecto del resto de los órganos del Estado, eficiencia y eficacia; y un acceso amplio e inclusivo para todos los que requieran sus servicios. Lo que culminó con la reforma constitucional de 2017 y la publicación del nuevo Código el 7 de junio de 2023.

Luego, analiza lo que es debido proceso, recordándonos las cuatro fases que estableció Alvarado Velloso: 1. Afirmación; 2. Negación; 3. Confirmación; y 4. Alegación. Estas fases sirven de guía al autor para estructurar los capítulos que siguen, en donde nos comenta cómo se encuentran contempladas las fases del debido proceso en el nuevo Código.

Posteriormente, examina la garantía jurisdiccional del proceso, en donde nos refiere como la nueva legislación protege la jurisdicción y nos expone las acciones, excepciones y legitimación procesal de conformidad con el nuevo sistema.

De igual forma, nos explica la perspectiva constitucional del derecho probatorio y cada una de las pruebas prevista en el CNPCF como son: declaración voluntaria de parte propia, declaración de parte contraria, declaración de testigos, pericial, documentales física, electrónica, pública y privada, inspección o reconocimiento judicial y presunciones legales y humanas, concluyendo con la forma de su valoración.

Continúa exponiéndonos en dos capítulos los procedimientos civiles y familiares, donde se detalla cada uno de ellos, y de forma sencilla nos proporciona una ruta a seguir en su tramitación.

Por último, nos explica la justicia digital y los recursos, donde se puntualizan los principios de la justicia digital y el expediente judicial, para luego, pormenorizar los recursos de apelación, reposición y queja.

No me queda la menor duda, que la presente obra formará parte de los cimientos del nuevo sistema del Código Nacional de Procedimientos Civiles y Familiares y que ayudará a estudiantes, abogados postulantes y funcionarios judiciales para su entendimiento y aplicación.

Mérida, Yucatán, agosto 2023

Dr. **Luis Alfonso Méndez Corcuera**
Juez Primero de Oralidad Familiar del Poder Judicial del Estado de Yucatán

PREÁMBULO

La reflexión jurisdiccional acerca del debido proceso es un concepto crucial para la tutela del ordenamiento jurídico, a fin de hacer comulgar al interés particular con el interés general. El acceso a la justicia y el debido proceso, son pilares del sistema de protección de los derechos fundamentales; son, por excelencia, la garantía de todos los derechos humanos y una *conditio sine qua non* para la existencia de un Estado constitucional de derecho. De nada sirve la proclamación normativa de los derechos si se carece de medios y recursos para que se hagan efectivos en el día a día. Y, de hecho, no hay nada más cotidiano que los conflictos de índole civil y familiar, que reflejan el latir de una sociedad.

Al respecto, se destaca la norma contenida en el inciso 2º del artículo 8º de la Convención Americana sobre Derechos Humanos (CADH), de cuyo texto se deriva que las garantías mínimas que todo inculpado de delito tiene derecho a hacer valer, funcionan en todo enjuiciamiento (civil,[1] administrativo, laboral); entonces, vale afirmar que el acceder al proceso constituye un derecho (*perfecto y diferenciado*, según Bertolino[2]), que es susceptible de ejercer, usar y gozar, partiendo también desde otro par de instrumentos internacionales; a saber:

a. El artículo XVII de la Declaración Americana de los Derechos y Deberes del Hombre que establece: "... *Toda persona tiene derecho a que se le reconozca en cualquier parte como sujeto de derecho y obligaciones, y gozar de los derechos civiles fundamentales...*"; y

b. El inciso 2º del artículo 29 de la Declaración Universal de los Derechos Humanos, que dispone: "... *En el ejercicio de sus derechos, en el disfrute de sus libertades, toda persona estará sujeta a las limitaciones establecidas por la ley, con el único fin de*

---

1 Véase: PO.SCF.79.020.Civil JUICIO DE INTERDICTO DE OBRA NUEVA. FASE DE EMPLAZAMIENTO. ES INCOMPATIBLE CON EL DERECHO HUMANO DE ACCESO A LA JUSTICIA. Sala Colegiada Civil y Familiar del Tribunal Superior de Justicia del Estado de Yucatán. https://www.poderjudicialyucatan.gob.mx/digestum/marcoLegal/07/2020/DIGESTUM07241.pdf

2 Bertolino, Pedro J. El derecho al proceso judicial. Temis, Bogotá, 2003, p. 46.

asegurar el reconocimiento y el respeto de los derechos y libertades de los demás, y de satisfacer las justas exigencias de la moral, del orden público y del bienestar general de una sociedad democrática...".

Hoy día existe un panorama renovado del acceso a la justicia y del debido proceso, en constante revisión y precisión, que se ha visto fuertemente influido por el derecho internacional de los derechos humanos y la jurisprudencia proveniente de los tribunales que tienen a su cargo la interpretación y aplicación de los tratados sobre esta materia.

El debido proceso, bajo alguna expresión que recoge las mismas exigencias —por lo general, *fair trial* en la versión inglesa —, tiene carta de naturalización en el derecho internacional de los derechos humanos.[3]

Se ha considerado, por ello, que tenemos a la vista un nuevo paradigma del debido proceso; éste se erige como la ruta civilizada para acceder a la justicia.

Si el Estado moderno ha proscrito la violencia y ha determinado la prohibición de que se haga justicia por la propia mano, corresponde que haya una amplia posibilidad de acceso a un órgano imparcial para dirimir los conflictos que las personas y los entes de poder puedan tener entre sí. De otro modo, sería ilusoria esa tesitura de que la autotutela sea excepcional y quienes tengan una discrepancia, si no logran superarla, la deban dilucidar a través del proceso.[4]

En vísperas del inicio de vigencia del nuevo Código Nacional de Procedimientos Civiles y Familiares (CNPCF), es que se pretende explicar una serie de procedimientos que permita, en primer orden, establecer una ruta ante la normatividad que se avecina, y en segundo término, la utilización de técnicas docentes propias para el mejor desempeño de los diversos operadores jurídicos.

El objetivo del presente trabajo es "enrutar" los diversos procedimientos civiles y familiares por un mismo camino, utilizando la técnica de la *ruta crítica*,[5] que faci-

---

3 García Ramírez, Sergio. *Panorama del debido proceso (adjetivo) penal en la jurisprudencia de la Corte Interamericana.* En: Anuario de Derecho Constitucional Latinoamericano, Número 2006, Año 2006, p. 1116.

4 Marabotto Lugaro, Jorge A. *Un derecho humano esencial: el acceso a la justicia.* En: Anuario de Derecho Constitucional Latinoamericano, Número 2003, Año 2003, p. 291.

5 Esta técnica permite identificar las tareas que se necesitan para alcanzar un fin específico. La ruta crítica es la secuencia más larga de actividades que deben finalizarse a tiempo para completar la totalidad de un proceso, en el caso, jurisdiccional.

lite al operador jurídico (estudiante, litigante o juzgador) la comprensión del nuevo Código Nacional.

En ese afán, el libro se divide en siete capítulos; a saber: 1) Antecedentes; 2) El debido proceso; 3) La garantía jurisdiccional del proceso; 4) Pruebas; 5) Los procedimientos civiles; 6) Los procedimientos familiares; y 7) La justicia digital y los recursos. El título de cada uno de estos explica por sí mismo su contenido, alineado con el CNPCF.

Se excluyen de esta obra los procedimientos atinentes a los juicios universales (sucesiones y concurso de acreedores), acciones colectivas, procedimientos internacionales y ejecución, dada la intención de establecer pautas generales, reservando esos temas para un estudio futuro.

Jorge Rivero Evia
UNEXMAR (Unidad experimental Marista)

Mérida, Yucatán, México. Verano de 2023

CLAVES

CADH.– Convención Interamericana de Derechos Humanos

CCY.– Código Civil del Estado de Yucatán

CFY.– Código de Familia para el Estado de Yucatán

CIDE.– Centro de Investigación y Docencia Económicas

CIJ.– Corte Internacional de Justicia

CJF.– Consejo de la Judicatura Federal

CNPCF.– Código Nacional de Procedimientos Civiles y Familiares

CNUDMI.– Comisión de las Naciones Undas para el Derecho Mercantil Internacional

CONATRIB.– Comisión Nacional de Tribunales Superiores de Justicia

CorIDH.– Corte Interamericana de Derechos Humanos

CPCY.– Código de Procedimientos Civiles del Estado de Yucatán

CPEUM.– Constitución de los Estados Unidos Mexicanos

DIF.– Desarrollo Integral de la Familia

DOGEY.– Diario Oficial del Gobierno del Estado de Yucatán

DOF.– Diario Oficial de la Federación

LGDNNA.– Ley General de los Derechos de Niñas, Niños y Adolescentes

LINSEJUPY.– Ley que crea el Instituto de Seguridad Jurídica y Patrimonial del Estado de Yucatán

NNA.– Niñas, Niños y Adolescentes

OEA.– Organización de Estados Americanos

ONU.– Organización de las Naciones Unidas

PJF.– Poder Judicial de la Federación

RAN.– Registro Agrario Nacional

RENAOBAL.– Registro Nacional de Obligaciones Alimentarias

RPP.– Registro Público de la Propiedad

SCJN.– Suprema Corte de Justicia de la Nación
TEDH.– Tribunal Europeo de Derechos Humanos
UMA.– Unidad de Medida y Actualización

Capítulo 1
ANTECEDENTES

¿POR QUÉ UN CÓDIGO NACIONAL DE PROCEDIMIENTOS CIVILES Y FAMILIARES?

Con el Código Nacional de Procedimientos Civiles y Familiares (CNPCF) se complementa la reforma al artículo 73, fracción XXX, de la Constitución Política de los Estados Unidos Mexicanos (CPEUM), que le confirió al Congreso de la Unión la facultad exclusiva para legislar en esos temas adjetivos.[6]

Tal instrumento normativo no es obra de la casualidad o de la ocurrencia, sino que obedece a una serie de medidas legislativas que, de manera continua,[7] se han adoptado gradualmente en México, con motivo de una auténtica *Reforma Judicial*.

En efecto, para que los poderes judiciales puedan cumplir con sus tareas,[8] requieren de las siguientes (mínimas) condiciones:[9]

---

6 (...) Artículo 73. *El Congreso tiene facultad: (....) XXX. Para expedir la legislación única en materia procesal civil y familiar (...).*

7 *(...) Creemos como otros, que el Derecho es el resultado de un proceso histórico de encausamiento del uso de la fuerza o la violencia por medios civilizados, realizado por una comunidad que habiendo alcanzado grados superiores del entendimiento en la resolución de conflictos, decide partiendo de su experiencia particular, avanzar hacia formas controladas por una autoridad soberana llamada Estado (...).* Ojeda Velázquez, Jorge. "Los caminos de la Justicia", en Báez Silva, Carlos; Cienfuegos Salgado, David; Estrada Michel, Rafael (Coordinadores). *La justicia mexicana en perspectiva. Estudios en homenaje a Julio César Vázquez-Mellado García*. Tirant lo Blanch, México, 2018, p. 257.

8 *(...) Es el conjunto de la actividad judicial la suma de cada uno de los asuntos que se ventilan en los tribunales, la que genera valores agregados de enorme importancia para la vida de un país. Uno de ellos es la seguridad jurídica, es decir, la certeza de que los derechos se respetan y que los actores sociales pueden tomar decisiones con una expectativa razonable de que los contratos se cumplen con un bajo costo. Lo anterior es, a la vez, una de las condiciones de crecimiento económico (...).* Suprema Corte de Justicia de la Nación. *33 Acciones para la Reforma Judicial.* México, 2006, pp. 5-6.

9 *Ibídem,* p. 6.

a) Independencia respecto del resto de los órganos del Estado;[10]

b) Eficiencia y eficacia; y

c) Un acceso amplio e inclusivo para todos los que requieran sus servicios.

Así, los procedimientos de reforma judicial que se han dado en muchos países del mundo, especialmente en América Latina,[11] buscan crear las condiciones institucionales que permitan a los poderes judiciales llenar esas tres condiciones.

A diferencia de lo acontecido en otras naciones, la reforma judicial en nuestro país ha sido un proceso continuo y desarrollado a lo largo de prácticamente tres décadas y no virtud a un solo cambio legisferante.[12]

---

10 "*(...) En materia judicial (...) el avance ha sido más rezagado, pues no se ha logrado dar una completa y total autonomía económica y presupuestaria al Poder Judicial (Federal), ya que depende de la decisión anual del Poder Legislativo (Federal), lo que merma la plenitud de la independencia del primero de los poderes constituidos en comento (...)*". Arango Escámez, José Faustino. *Poder Judicial. Análisis en torno al reconocimiento social. Casos de México, España y Estados Unidos.* Porrúa, México, 2012, p. 29. No obstante, en el caso del Estado de Yucatán, la Constitución Local establece un mínimo del presupuesto anual que se le debe conferir, como se advierte del párrafo décimo quinto del artículo 64, que es del siguiente tenor: *(...) El presupuesto asignado al Poder Judicial del Estado no podrá ser inferior al dos por ciento del total del gasto programable, el cual no será disminuido respecto al del año anterior y se fijará anualmente, en la forma y términos que establezca la ley (...).*

11 En los últimos años, muchos países latinoamericanos han iniciado proyectos de reforma procesal, a fin de adoptar, principalmente de la técnica de la oralidad en los enjuciamientos. Díez Ripollés, en referencia al proceso penal, destaca como denominador común de dichos cambios, a la par de la oralidad, la instrucción del procedimiento por la fiscalía, la presencia de un juez de garantías, la vigencia del principio de oportunidad y los mecanismos de justicia negociada; enuncia a Guatemala (en 1992) y a Costa Rica (en 1998), como a las naciones precursoras. Véase: Díez Ripollés, José Luis. *La política legislativa penal iberoamericana a principios del siglo XXI.* En: Díez Ripollés, José Luis; García Pérez Octavio (Coordinadores). La política legislativa penal iberoamericana en el cambio de siglo. B de F, Edisofer, Buenos Aires, 2008, p. 505. A su vez, González Montenegro, sitúa a Panamá en ese sitio, al indicar que la oralidad se implantó en su sistema, de manera general, desde 1987, destacando que desde la Constitución de 1904 de ese país, se establecía este tipo de enjuiciamiento para el delito de homicidio doloso; siguiendo sus pasos, entre otras, a Ecuador y Chile (en 2000), Venezuela y Bolivia (en 2001) y Colombia (en 2004). *Cfr.* González Montenegro, Rigoberto. *El Ministerio Público en Panamá.* En: Instituto Nacional de Ciencias Penales. Jornadas iberoamericanas. Oralidad en el proceso y justicia penal alternativa. INACIPE, México, 2008, p. 393.

12 Se señala como punto de partida, las reformas constitucionales de 1987, bajo el gobierno del Presidente de la República Miguel de la Madrid Hurtado. Aunque la restructuración de la justicia en México inició cabalmente con las reformas a la carta magna de 1994, ya en la administración de Ernesto Zedillo Ponce de León.

En ese sentido, la primera modificación de gran calado de los últimos tiempos en México derivó de la reflexión política consecuencia del proceso electoral de 1994, y condujo al cuestionamiento primordial de uno de los poderes del Estado: el Poder Judicial.[13] Los candidatos a la Presidencia de la República, se refirieron reiteradamente a los problemas de la administración de justicia.

Derivado de lo anterior, quien fuera electo Presidente de la Nación (Ernesto Zedillo Ponce de León), presentó al Congreso de la Unión, una iniciativa de reforma constitucional, que a la postre fue aprobada y publicada en el DOF del 31 de diciembre de 1994. Se trató de una auténtica *reforma judicial*, denominada por García Ramírez como de "*macrojusticia*".[14]

La reforma de mérito produjo las siguientes consecuencias:

- La creación del Consejo de la Judicatura Federal (CJF);[15]
- La redistribución de las facultades jurisdiccionales y no jurisdiccionales que tenía la SCJN a otros órganos del PJF.
- La competencia en exclusiva de la SCJN para conocer de controversias constitucionales y acciones de inconstitucionalidad.
- La integración del Pleno de la SCJN sufrió un importante cambio. El número de Ministros se redujo de 26 a 11; asimismo, los Ministros empezarían a ocupar sus cargos por quince años y serían sustituidos de manera escalonada.[16]

---

13 Rivero Evia, Jorge. *Insumos democrático-constitucionales.* México, Tirant lo Blanch, 2019, p. 102.

14 Tomando como parangón los conceptos de "macroeconomía" y "microeconomía", el autor en cita refiere que existen la "macrojusticia" y la "microjusticia". En ese sentido, advierte que la reforma de mérito impactó en la "macrojusticia", pues se localizó en las más altas magistraturas del país, como lo es la SCJN. Véase: García Ramírez, Sergio. *El Estado de Derecho y la reforma del Poder Judicial.* Pemex lex. Revista Jurídica Petróleos Mexicanos. Num. 91-92. Enero-febrero 1996, pp. 10-11.

15 *(...) La creación del CJF mexicano forma parte de la decisión política de iniciar una reforma judicial; ha sido una de las piezas centrales (...) La reforma constitucional de 1994 creó el CJF como órgano constitucional administrativo con las facultades que le fueron restadas a la Suprema Corte, referidas a la administración, vigilancia y disciplina del PJF. Con ello se resolvió el problema de órganos jurisdiccionales que tienen a su cargo funciones administrativas. La SCJN contaba con facultades no jurisdiccionales atribuidas por el orden jurídico mexicano y que convirtieron al más alto tribunal en el órgano de gobierno del PJF (...).* Melgar Adalid, Mario. *El Consejo de la Judicatura Federal.* Porrúa, México, 1998, pp. 89-91.

16 La reducción en el número de integrantes implicó, adicionalmente, que las Salas fueran dos, en lugar de cuatro. Anteriormente, la Primera Sala se ocupaba de la materia penal; la Segunda, de la

Lo anterior, implicó un escalón más hacia la transformación democrática nacional, puesto que, a partir de la reforma citada, la SCJN comenzó a tener la apariencia de un auténtico tribunal constitucional. La implementación de las acciones de inconstitucionalidad permitió el acceso a la justicia constitucional de las minorías parlamentarias y de otros entes públicos; asimismo, el nuevo perfil de las controversias constitucionales acrecentó la posibilidad de resolver en esa instancia conflictos competenciales, en reconocimiento de la ya evidente pluralidad política.

A partir de ahí, sucedieron los siguientes eventos, a fin de medir y diagnosticar la ruta que debería seguir la justicia mexicana:

- La *Consulta Nacional para una Reforma integral y Coherente del Sistema Nacional de Impartición de Justicia en el Estado Mexicano*. Convocada por el Tribunal Pleno de la SCJN en sesión privada de 11 de agosto de 2003, a fin de recibir, por parte de los usuarios y funcionarios del sistema de impartición de justicia de todo el país, sus opiniones y propuestas de reformarlo.[17]
- El *Encuentro y Declaración de Jurica*. El 30 de noviembre, 1° y 2 de diciembre de 2005, a convocatoria de la SCJN, se reunieron por primera vez en Jurica, Querétaro, los impartidores de justicia del país para discutir el rumbo que habría de seguir el proceso de reforma. Un grupo de expertos seleccionó los temas tratados en la Consulta previa, bajo criterios de interés y repercusión social y con resultado de ello, tras el debate y consenso correspondiente, se emitió la Declaración de Jurica, que implicó el compromiso de los participantes en continuar interactuando en la definición de una agenda judicial.[18]
- El *Libro Blanco de la Justicia en México.* El Comité Organizador de la ya referida Consulta encomendó a un grupo de tres expertos independientes, la elaboración de un documento que proporcionara el marco conceptual sistematizado de los resultados obtenidos. Ahí se identificaron 3 *Ejes*[19] y sus consecuentes 33 *Acciones*. Para efectos del presente trabajo, destaca la *Acción 30: "Adoptar códigos uniformes"*. Al respecto, se indicó lo siguiente:[20]

civil; la Tercera de la administrativa y la Cuarta, de la laboral.

17 Suprema Corte de Justicia de la Nación. *33 acciones...* Op. cit., p. 9.

18 Ibídem, pp. 10-11.

19 Primero: Reforma al juicio de amparo. Segundo: Fortalecimiento de los poderes judiciales de las entidades federativas. Tercero: Reforma de la justicia penal. Ibídem, p. 12.

20 Ibídem, p. 45.

> *(...) Una de las conclusiones unánimes de la Consulta fue la necesidad de avanzar en el proceso de codificación uniforme. En la sección correspondiente de este Libro Blanco se han analizado tanto sus ventajas como el hecho de que este proceso no atenta contra la soberanía de las entidades federativas, y que resulta perfectamente compatible con el federalismo, tal y como lo demuestran las experiencias de países federales como Brasil y Alemania. En concreto, se recomienda la elaboración en el mediano plazo de Códigos Procesales Modelo tanto en la materia civil como penal y administrativa, labor que puede ser facilitada por la intervención concertada de la Comisión Nacional de Tribunales Superiores de Justicia (CONATRIB) y la Asociación de Tribunales de lo Contencioso Administrativo (...) En todos los casos corresponderá a los poderes legislativos de las entidades federativas la responsabilidad de su adopción (...).*

Hasta aquí se tiene que el origen de la idea de la legislación procesal única emergió al menos desde 2003, derivada de la Consulta citada *ut supra*, empero, el modelo propuesto fue a través de Códigos Marco elaborados por asociaciones de impartidores de Justicia.

Al respecto, conviene mencionar que el fenómeno de integración o unificación normativa tampoco es de nuevo cuño. Y para su implementación se han sugerido diversas estrategias.

En los umbrales del tercer milenio, estamos asistiendo al doble y contradictorio fenómeno del ensanchamiento de los espacios económicos y sociales en los que hasta ahora los seres humanos desarrollaban su existencia, al tiempo que se produce la más escandalosa reducción de sus ámbitos políticos.[21]

Con base en los logros de la revolución tecnológica y cibernética, los flujos monetarios del capitalismo financiero recorren los centros bursátiles de todo el planeta, consagrando lo que se ha denominado *"mundialización de la economía"*. Queramos o no, en la época de las autopistas de la comunicación y de la globalización económica, nos vemos obligados a ser ciudadanos del mundo.[22]

La integración económica se entiende, según Patiño Manffer (citando a Balassa),[23] como: *"... un proceso y como una situación de las actividades económicas..."*. Vista como proceso, se encuentra acompañada de medidas dirigidas a abolir la dis-

---

21 Vega García, Pedro de. *Mundialización y derecho constitucional: la crisis del principio democrático en el constitucionalismo actual.* En Carbonell, Miguel; Vázquez, Rodolfo (Comps,) Estado constitucional y globalización, Porrúa, México, 2001, p, 165.

22 Ídem.

23 Patiño Manffer, Ruperto. *Acceso a mercados.* En: El Tratado de Libre Comercio de América del Norte. Análisis, diagnóstico y propuestas jurídicas, Tomo I. Witker, Jorge (Coordinador) Instituto de Investigaciones Jurídicas, México, 1993, p. 110.

criminación entre unidades económicas pertenecientes a diferentes naciones; vista como una situación en los negocios, se caracteriza por la ausencia de varias formas de discriminación entre economías nacionales.

Conviene destacar que el mismo autor alude a diferentes formas de integración; a saber:

a) Área o zona de libre comercio, en la que las tarifas y las restricciones cuantitativas son abolidas, manteniendo cada país sus propias tarifas frente a países no pertenecientes al área.
b) Unión aduanera, que trae aparejada además de la supresión de discriminación, la equiparación de tarifas en el comercio con países no miembros.
c) Mercado común, que se estima como una forma superior de integración económica que no se limita a suprimir las restricciones al comercio, sino también las que dificultan el movimiento de los factores (capital, recursos naturales, mano de obra, tecnología).
d) Unión económica, que combina la supresión de restricciones al movimiento de mercancías y factores, con un cierto grado de armonización de las políticas económicas nacionales, con objeto de eliminar la discriminación resultante de las disparidades de dichas políticas (fiscales, financieras, comerciales).
e) Integración económica total, que presupone la unificación de las políticas monetaria, fiscal, social y anticíclica, además de requerir el establecimiento de una *autoridad supranacional*, cuyas decisiones sean obligatorias para los estados miembros.

Así, es de fácil deducción que en los procesos de integración económica internacional existen como dimensiones inseparables la política y lo jurídico. El derecho puede ser también tanto instrumento como objeto de la integración.[24]

El derecho es un instrumento en cuanto constituye un cauce y un medio para la integración. En ese sentido, el derecho ofrece distintas posibilidades de integración institucional, mediante la creación de organismos supra o internacionales, representativos o independientes, con funciones decisorias, de coordinación o de información o consulta. Desde el punto de vista sustantivo, el derecho establece diversos principios y garantías de libertad (por ejemplo, acceso al mercado), propiedad (in-

---

[24] Fix Fierro, Héctor; López Ayllón, Sergio. *El Tratado de Libre Comercio de América del Norte y la Globalización del Derecho. Una visión desde la sociología y la política del derecho:* En: El Tratado de Libre Comercio de América del Norte. Análisis, diagnóstico y propuestas jurídicas, Tomo I. Witker, Jorge (Coordinador) Instituto de Investigaciones Jurídicas, México, 1993, p. 22.

cluida la propiedad intelectual), igualdad (como el trato nacional o de nación más favorecida) y seguridad (el acceso a los tribunales o al arbitraje).[25]

El rol que desempeña el derecho como objeto de la integración, ha recibido mucha atención sobre todo desde el punto de vista de la unificación, uniformación o armonización jurídica, como forma de lograr un grado mínimo y necesario de homogeneidad entre las partes, ya sea mediante la aproximación de las leyes de los estados parte o a través de la expedición de ordenamientos obligatorios por parte de *órganos supranacionales.*[26]

Esta forma de uniformación ha recibido severas críticas, dada la dificultad de encontrar soluciones únicas (en tratándose de órdenes jurídicos que pertenecen a tradiciones distintas), lo que implica la posibilidad de que surjan divergencias en aplicación e interpretación por las distintas autoridades, si es que éstas no evaden, por diversos medios, el cumplimiento de las disposiciones uniformes. Máxime que el derecho es también un producto cultural que depende de valores, concepciones y actitudes que modifican su funcionamiento en la realidad.

No obstante, la integración de referencia es posible. La Unión Europea es un ejemplo exitoso y original de lo anterior[27] —si acaso no exento de dificultades, como los problemas que arroja el fenómeno de la inmigración—. Y a pesar de la salida de Gran Bretaña de dicha Unión (a través de un *referéndum* en donde venció el *Brexit* al *Bremain*),[28] lo cual pone en tela de juicio dicha corriente integracionista.

---

25 Ídem.

26 Ibídem, p. 23.

27 *(...) La originalidad de la integración europea radica en haber conjuntado estados con una fuerte identidad, así como con políticas, economías, culturas y sistemas jurídicos firmes —tradición romano-germánica, common law, concepciones escandinavas, nuevas democracias de Europa central y oriental—. Aquellos estados no firmaron juntos su independencia para salir de alguna situación colonial, sino que, por el contrario, reconocieron que su interdependencia los llevaría a construir, lo que si bien no es un orden jurídico unificado y estable, al menos es un nuevo espacio abierto, complejo y evolutivo (...).* Delmas-Marty, Mireille. *La integración de la Unión Europea,* en: Sieber, Urlich; Simon Jan-Michel (Editores), Hacia la unificación del Derecho Penal. México, Max-Planck-Institut für aüslandisches und internationales Strafrecht/Instituto Nacional de Ciencias Penales, 2011, p. 37.

28 El 23 de junio de 2016 se preguntó a los británicos, vía *referéndum*, si debía el Reino Unido seguir siendo parte o no de la Unión Europea. *Brexit* es una abreviatura de dos palabras en inglés, *Britain* (Gran Bretaña) y *exit* (salida), que significa la salida del Reino Unido de la Unión Europea. A la otra alternativa se le llamó *Bremain* (*Britain* y *Remain*: permanecer). Como se sabe, venció la primera opción.

Así, la unificación normativa, se ofrece como una respuesta al problema referente a la diversidad de leyes para aplicar dentro de un ámbito territorial específico, el cual puede ser el globo terraqueo en sí, una zona amplia del planeta o un estado-nación determinado.

Para solucionar la discrepancia normativa de mérito, Sieber[29] propone los siguientes modelos (si bien, referidos al ámbito del Derecho Penal):

a) *El modelo de unificación.* Consiste en crear un nuevo sistema —unificado— como demuestra el desarrollo actual del sistema de Derecho Penal de Alemania. En principio, los estados alemanes (*Länder*) tenían cada uno su propio sistema de justicia penal, al cual renunciaron en el siglo XIX (1860) por un sistema centralizado para todo el país. En consecuencia, Alemania cuenta con un Código Penal Federal y con un Códigp de Procedimiento Penal, y la mayoría de sus tribunales son administrados por los estados.

b) *El modelo de cooperación.* Es la solución más descentralizada; implica la colaboración entre diversas soberanías que solamente coordinan el reconocimiento mutuo de sus decisiones judiciales. Se surte fundamentalmente en temas de delincuencia transnacional y presenta multiplicidad de óbices procesales.

En la misma línea de proposición de soluciones "teóricamente concebibles" (siempre referidas al Derecho Penal europeo y a la delincuencia transnacional), Satzger[30] contempla lo que denomina *armonización,* en dos grados:

a) Estricto: Los legisladores locales estarían obligados a adaptar sus leyes con base a estándares previamente definidos por un órgano ajeno (en el caso concreto, por la Unión Europea). De esta manera, las leyes nacionales tendrán contenidos sustancialmente uniformes. Dicho autor reconoce que esta seria una variante de la *unificación.*

b) Flexible: Sin implicar un imperativo, el legislador nacional, en un acto soberano unilateral adoptaría un estándar externo, que puede ser aquel fijado por un sistema jurídico extranjero, o bien el estándar establecido por un Código modelo.

---

29 Sieber, Urlich. La unificación, armonización y cooperación: a la búsqueda de soluciones para los sistemas penales federales y supranacionales, En: Sieber, Urlich; Simon, Jan-Michel (Editores), Op. cit., pp. 24-25.

30 Satzger, Helmut. La pluralidad del derecho penal sustantivo como desafío al sistema federal nacional y a la integración europea. En ibídem, pp. 100-101.

Expuesto el problema, en México se sugirió inicialmente ante la discrepancia normativa de distintos órdenes jurídicos, adoptar un criterio de *armonización flexible*, a través de la elaboración de Códigos modelo,[31] que voluntaria y soberanamente las entidades federativas los utilizarían como estándar para la producción de sus leyes.

Muestra de ello son los Códigos modelo procesal civil y procesal penal, elaborados en el seno de la CONATRIB.

El primero de ellos se denominó *Anteproyecto de Código Procesal Civil Tipo para la República.*[32] El segundo, se intituló *Código Modelo del proceso penal acusatorio para los Estados de la Federación.*[33]

En ese contexto, el 27 de noviembre de 2014, el Ejecutivo Federal encomendó al Centro de Investigación y Docencia Económicas (CIDE), la organización de foros de consulta para elaborar un conjunto de propuestas y recomendaciones para garantizar un mayor y mejor acceso a la justicia.

Entre noviembre de 2015 y enero de 2016, se realizaron los llamados *"Diálogos por la Justicia Cotidiana"* entre investigadores y expertos de la sociedad civil, académicos, con el objetivo de discutir las problemáticas que enfrenta la justicia cotidiana, y sus posibles soluciones. Derivado de este proceso de consulta, el CIDE presentó un informe de resultados el cual contiene un conjunto de propuestas y recomendaciones, a fin de resolver uno de los principales problemas detectados en los Foros; a

---

31 Nereo Mar expone, en referencia al Código de Procedimientos Civiles del entonces Distrito Federal, que: *(...) El foro mexicano desea que todas las Entidades Federativas de nuestro país unifiquen sus Códigos Procesales en bien de una mejor administración de justicia. Este deseo es casi una realidad, pues dieciocho Estados adoptaron, en su oportunidad, como modelo al Código de Procedimientos Civiles del DF con las naturales adaptaciones que exige la idiosincrasia de cada región (...).* Véase: Mar, Nereo, *Guía del procedimiento civil para el Distrito Federal,* Porrúa, México, 2003, p. IX.

32 *(...) La elaboración de un Anteproyecto de Código Procesal Civil Tipo para la República Mexicana responde al resurgimiento de una idea (...) [que] se replanteó en Mérida, Yucatán, hace casi cuatro años (...) México cuenta hoy en día con treinta y dos diferentes Códigos Procesales Civiles, un Código Federal de Procedimientos Civiles y un Código de Comercio, que en su Libro Quinto regula los juicios mercantiles y remite a las leyes procesales locales como supletorias. Los diferentes Códigos Procesales Civiles en vigor, de ninguna manera responden a necesidades locales de los Estados federados, del Distrito Federal o de la Federación; obedecen más a construcciones intelectuales que a nuestra tradición y herencia jurídicas (...).* Comisión Nacional de Tribunales Superiores de Justicia. *Anteproyecto de Código Procesal Civil Tipo para la República.* México, 2004 (Presentación), pp. V-VII.

33 Comisión Nacional de Tribunales Superiores de Justicia. *Código Modelo del proceso penal acusatorio para los Estados de la Federación.* México, 2009.

saber: la multiplicidad de los códigos procesales civiles en cada una de las entidades federativas.[34]

De ahí emergió la ya citada reforma a la fracción XXX del artículo 73 de la CPEUM, publicada en el DOF el 15 de septiembre de 2017; en el régimen transitorio respectivo, se estableció que el Congreso de la Unión contaba con 180 días para expedir la legislación adjetiva en la materia (6 meses). Ello no sucedió, sino por medio de un juicio de amparo indirecto, instado en virtud de dicha omisión legislativa por una agrupación de abogados y resuelto un par de años después por el Juez Octavo de Distrito en Materia Civil del Primer Circuito Judicial, el 28 de junio de 2019.

Finalmente el 24 de abril de 2023, tras un largo camino el CNPCF fue aprobado por los legisladores y publicado en el DOF el 7 de junio siguiente,[35] fijando a más tardar para su entrada en vigor en toda la nación, el mes de abril de 2027 (10 años después de la reforma constitucional).

Como sea, la justicia civil y familiar es un tema de atención urgente que viene presentando señales de preocupación desde hace décadas y la renovación legislativa era ya necesaria para la homologación de la normatividad adjetiva que, desde luego abonará a la seguridad y certeza jurídicas tan anheladas en nuestro país.

---

[34] Véase: Senado de la República, Dictamen de las Comisiones Unidas de Justicia y de Estudios Legislativos, Segunda, por el que se expide el Código Nacional de Procedimientos Civiles y Familiares, México, 13 de abril de 2023, p. 10.

[35] https://www.dof.gob.mx/nota_detalle.php?codigo=5691385&fecha=07/06/2023#gsc.tab=0

Capítulo 2
EL DEBIDO PROCESO

2.1. INTRODUCCIÓN: ¿PROCEDIMIENTO O PROCESO? PUNTOS DE PARTIDA Y CONCEPTOS AFINES

Procedimiento y proceso no son sinónimos. Se diferencian esencialmente, en cuanto a su finalidad.

El *procedimiento* se integra con una serie de actos ordenados y encaminados hacia un objetivo. Ese objetivo, no será necesariamente la resolución jurisdiccional de un conflicto de intereses sometido al conocimiento de un juez o tribunal.

El *proceso*, deriva del latín *procedere*, significa avanzar, caminar hacia adelante. Esa raíz etimológica nos permite ver que el proceso está íntimamente ligado hacia el progreso de una cosa, es decir, hacia el avance respecto de su estado natural.

Díaz de León,[36] indica que el proceso sólo puede presidirse por un miembro del poder judicial. Pallares,[37] a su vez, denomina a esa acepción como *"Proceso jurisdiccional"*, acotando el concepto a aquel que se lleva a cabo ante los órganos jurisdiccionales, o sea, los encargados de administrar justicia. Incluye esa concepción no sólo a las autoridades judiciales, sino también a las Juntas de Conciliación y Arbitraje —en vías de extinción[38]— y a los Tribunales Administrativos.

Un ejemplo ilustrativo de la diferencia entre procedimiento y proceso, lo advertimos en los artículos 1° y 4° del abrogado Código Federal de Procedimientos

---

36 Citado por Hernández Pliego, Julio A., Programa de derecho procesal penal, Porrúa, México, 2002, p. 7.

37 Pallares, Eduardo, Diccionario de derecho procesal civil, Porrúa, México, 2001, p. 640.

38 El 24 de febrero de 2017 se publicó en el DOF la reforma a los artículos 107 y 123 de la CPEUM, en materia de justicia laboral, que de manera genérica dispone la desaparición de las Juntas de Conciliación y Arbitraje (federales y locales) y su sustitución por Tribunales Judiciales del Trabajo.

Penales (actualmente sustituido por el Código Nacional de Procedimientos Penales —CNPP—):

> *(...) Artículo 1°.– El presente Código comprende los siguientes procedimientos:*
>
> *I.– El de averiguación previa a la consignación a los tribunales, que establece las diligencias legalmente necesarias para que el Ministerio Público pueda resolver si ejercita o no la acción penal;*
>
> *II.– El de preinstrucción, en que se realizan las actuaciones para determinar los hechos materia del proceso, la clasificación de éstos conforme al tipo penal aplicable y la probable responsabilidad del inculpado, o bien, en su caso, la libertad de éste por falta de elementos para procesar;*
>
> *III.– El de instrucción, que abarca las diligencias practicadas ante y por los tribunales con el fin de averiguar y probar la existencia del delito, las circunstancias en que hubiese sido cometido y las peculiares del inculpado, así como la responsabilidad o irresponsabilidad penal de éste;*
>
> *IV.– El de primera instancia, durante el cual el Ministerio Público precisa su pretensión y el procesado su defensa ante el Tribunal, y éste valora las pruebas y pronuncia sentencia definitiva;*
>
> *V.– El de segunda instancia ante el tribunal de apelación, en que se efectúan las diligencias y actos tendientes a resolver los recursos;*
>
> *VI.– El de ejecución, que comprende desde el momento en que cause ejecutoria la sentencia de los tribunales hasta la extinción de las sanciones aplicadas;*
>
> *VII.– Los relativos a inimputables, a menores y a quienes tienen el hábito o la necesidad de consumir estupefacientes o psicotrópicos (...).*
>
> *(...) Artículo 4°.– Los procedimientos de preinstrucción, instrucción y primera instancia, así como la segunda instancia ante el tribunal de apelación, constituyen el proceso penal federal, dentro del cual corresponde exclusivamente a los tribunales federales resolver si un hecho es o no delito federal, determinar la responsabilidad o irresponsabilidad penal de las personas acusadas ante ellos e imponer las penas y medidas de seguridad que procedan con arreglo a la ley.*
>
> *Durante estos procedimientos, el Ministerio Público y la Policía Judicial bajo el mando de aquél, ejercitarán, en su caso, también las funciones que señala la fracción II del artículo 2; y el Ministerio Público cuidará de que los tribunales federales apliquen estrictamente las leyes relativas y de que las resoluciones de aquéllos se cumplan debidamente (...). Énfasis añadido.*

De ello se puede colegir que:

a. El proceso judicial, se conforma de varios procedimientos (fases del proceso);

b. El titular del proceso, lo es el poder judicial, y el de los procedimientos, puede serlo un órgano del ejecutivo o del legislativo, como ocurre con el Ministerio Público en lo que era la averiguación previa en el sistema penal mixto o con el Congreso, en tratándose de un juicio político.

Y en ese tenor, desde la óptica de la moderna teoría del derecho jurisdiccional,[39] podríamos definir al proceso como: *la serie lógica consecuencial de actos conforme a los cuales el juez o tribunal, en funciones de administración de justicia, resuelve el conflicto de intereses sometido a su potestad, aplicando la ley.*

Así, entendemos como *proceso*, a la actividad jurisdiccional. Por tanto, esa entelequia guarda una estructura lógica secuencial que siempre habrá de exhibir cuatro fases, según Alvarado Velloso[40] en el siguiente orden: 1. Afirmación; 2. Negación; 3. Confirmación; y 4. Alegación.

2.1.1. AFIRMACIÓN

La primera fase, de carácter introductorio y constitutivo,[41] está integrada por una necesaria afirmación del pretendiente (ya en el proceso se le denomina actor o acusador) respecto de la existencia de un conflicto en el plano de la realidad social y de la solicitud de solución o de sanción conforme con la norma jurídica que ha sido desconocida en los hechos o en la cual éstos se han encuadrado.

El juez no puede resolver sin escuchar previamente la versión los hechos por parte del resistente, que puede ser por completo diferente de la otra. Se trata, simplemente, de oír dos campanas antes de decidir por cuál de ellas optar.

2.1.2. NEGACIÓN

La anterior etapa se complementa con una segunda,[42] constituida por una posibilidad de negación del resistente (ya en el proceso se denomina demandado o reo) respecto de la afirmación efectuada por el actor o acusador. Por ejemplo:

---

39 *(...) la serie de actos a cumplir debe guardar lógicamente el siguiente orden estricto, que opera como modelo patrón de la discusión y que consiste en una serie de etapas concatenadas entre sí ideadas al efecto por el legislador (...). (...) sin la totalidad de los actos que componen la serie, no existe proceso (...) (...) y la serie es idéntica para todos los supuestos justiciables: no interesa cuál es la materia a decidir (civil, comercial, penal, etcétera) ni quiénes son los contendientes, ya que tal serie es la que hace que un proceso sea un proceso y no otra cosa (...).* Alvarado Velloso, Adolfo, Garantismo procesal contra actuación judicial de oficio, Tirant lo Blanch, Valencia, 2005, pp. 56-59.

40 Ibídem, pp. 239 en adelante.

41 Esta etapa, guarda relación con la denominada por Ovalle Favela como "expositiva", Véase: Ovalle Favela, José, *Derecho procesal civil*, Oxford, México, 2004, p. 42.

42 Ídem

El actor Pedro asevera que el demandado Juan es su deudor pues le vendió y entregó una mercancía cuyo precio en dinero no abonó (litigio); por tanto, reclama (pretensión) que el juez condene (al sentenciar) a pagarle dicho precio.

A su turno, e iniciado ya el proceso, el demandado Juan sostiene que nada debe (resistencia) pues no existió la compraventa de mercadería cuya existencia afirma el actor Pedro (controversia).

Ante tan disímiles posiciones, el juez debe resolver dando la razón a uno o a otro, en todo o en parte. De ello surge que, lógicamente, siempre hay un ganancioso y un perdidoso pues es imposible empatar en el resultado del proceso.

2.1.3. CONFIRMACIÓN

A efecto de contar con los elementos suficientes para resolver, se contempla la apertura de una tercera etapa,[43] de carácter *confirmatorio*, durante la cual cada uno de los interesados (las partes del proceso) mediante el cumplimiento de reglas técnicas claras y precisas, allegará al juez los medios convincentes de la bondad de las respectivas versiones.

El objeto de la confirmación es precisamente lograr el convencimiento del juez; así debe pensarse que ello no es posible o fácil de conseguir sin la unión racional de los diversos elementos aportados.

De ahí resulta necesario que, luego de presentado todo el material de confirmación, cada uno de los interesados tenga la posibilidad de unirlo lógicamente para que pueda cumplir su objeto.

2.1.4. ALEGACIÓN

Ello origina una cuarta etapa,[44] de alegación, durante la cual cada parte hace una evaluación del aludido material, encuadrando los hechos acreditados en la norma jurídica que rige el caso sometido a juzgamiento.

Cuando esas cuatro etapas se consignan en el trámite jurisdiccional, luego entonces, tenemos a un proceso.

---

43 Ovalle Favela nombra a esta fase "probatoria", en *Loc. cit.*

44 "Conclusiva", según Ovalle Favela, en *Loc. cit.*

2.1.5. RESOLUCIÓN

No obstante que Alvarado Velloso no incluye la fase resolutiva en el esquema expuesto, consideramos que ésta cierra el proceso. Aquí, el juzgador, en palabras de Ovalle Favela,[45] (...) *tomando como base las pretensiones y afirmaciones de las partes, y valorando los medios de prueba practicados con anterioridad, emite sentencia definitiva, en virtud de la cual decide sobre el litigio sometido a proceso. Con esta etapa termina de manera normal el proceso, al menos en su primera instancia (...).*

Lo anterior puede esquematizarse de la siguiente manera, en comunión con el CNPCF:

Enjuiciamiento oral civil-familiar
CNPCF
Ubicación de las fases procesales

Cuadro 1

Etapa postulatoria		Etapa oral		
Afirmación	Negación	Confirmación	Alegación	Resolución
Acciones (reales, personales y del estado civil) –Arts. 8/61-	Excepciones (procesales y perentorias) –Arts. 62/76-	Pruebas (Desahogo) -Arts. 277,279,280, 466 y 678-	Alegatos de apertura y Teoría del caso (Arts. 466 y 678)	Sentencia (art. 175)
Demanda (Arts. 235 y 664)	Contestación (Arts. 241/254, 665)			
Emplazamiento (Arts. 194/210 y 240)			Alegatos de cierre (Arts. 467 y 679)	Principio de no excusabilidad (art. 171)
Legitimación	Legitimación			
(Arts. 125/133)				
Ofrecimiento de pruebas	Ofrecimiento de pruebas			Fundamentación y motivación (Arts. 14 y 16 CPEUM)
Arts. 274/275				

2.2. EL DEBIDO PROCESO Y SUS DIMENSIONES

El Derecho se aplica por los tribunales, pero éstos habrán de utilizar necesariamente el medio que es el proceso, no pudiendo imponer sanciones o condenas (invalidando actos o normas, inclusive) de cualquier otra forma, lo que constituye una

45 Ovalle Favela, José. Op. cit., p. 42.

opción de civilización, que ha llevado a prohibir aplicaciones del Derecho que no se realicen precisamente con las garantías del proceso, evento que se encuentra vedado por disposición expresa del artículo 17 de la CPEUM.

Conviene resaltar que, decidido políticamente que el proceso es el mejor instrumento para garantizar tanto la legalidad del resultado final como los derechos del conglomerado, ese proceso ha de conformarse según los principios esenciales del mismo, aquéllos que hacen que una actividad sea proceso y no otra cosa.

El origen del término *"debido proceso"* se ubica históricamente en el derecho constitucional norteamericano, y en la jurisprudencia y cultura jurídica de los Estados Unidos de América. Aunque su origen se gesta antes de la existencia del Estado constitucional.

En el marco de un Estado constitucional y democrático de derecho, el debido proceso —entendido como un medio pacífico de solución de conflictos; como un remedio idóneo de conflictos a través de la erradicación de la fuerza ilegítima, y como un debate en el que participan dos partes con la intervención de un tercero independiente e imparcial, que interpreta y aplica la ley a cada caso concreto— se rige por una serie de principios, disposiciones y garantías básicas que aseguran la tutela judicial efectiva de los derechos fundamentales que están en juego en los procesos judiciales, y en definitiva, garantizan un juicio justo a las partes.[46]

Dicha noción del "juego limpio" en los menesteres procesales ha desbordado el ámbito del cual emergió, y otros sistemas jurídicos, como los identificados con el *civil law* también han adoptado tales ideas; asimismo, el día de hoy se indica que el debido proceso trasciende las fronteras de los Estados nacionales, por tratarse de una norma imperativa del *ius cogens*:

> *(...) el contenido del derecho ha cambiado y se ha ampliado con el transcurrir del tiempo atendiendo a los cambios sociopolíticos y, muy en particular, al reconocimiento de los derechos humanos en el ámbito interno y, posteriormente, en el ámbito internacional (...).*[47]

---

46 Meléndez, Florentín. *El debido proceso en el derecho internacional de los derechos humanos.* En: La ciencia del derecho procesal constitucional. Estudios en homenaje a Héctor Fix Zamudio en sus cincuenta años como investigador del Derecho. Tomo IX. Derechos humanos y tribunales internacionales. Ferrer Mac-Gregor, Eduardo; Zaldívar Lelo de Larrea, Arturo (Coordinadores). Instituto de Investigaciones jurídicas UNAM, México, 2008, pp. 209-210.

47 Quispe Remón, Florabel, *El debido proceso en el derecho internacional y en el sistema interamericano,* Tirant lo Blanch, Valencia, 2010, p. 34.

2.2.1. ORÍGENES DEL DEBIDO PROCESO EN EL *COMMON LAW*

Según el contexto en que se encuentre, la doctrina suele referirse al término *common law* para aludir a tres acepciones. En primer lugar, si se utiliza un concepto restringido, se orienta a la rama más antigua del derecho inglés. La segunda acepción, más amplia, incluye también a la otra rama, la *equity*, y entonces se refiere al orden jurídico de Inglaterra en su conjunto. Por último, la tercera acepción, que tiene una connotación todavía más amplia, se utiliza para referirse a la familia jurídica que se fue formando al extenderse tanto el dominio político, como el derecho inglés a otros lugares, más allá de Inglaterra.[48] Esta última connotación es la que se utilizará para los fines del presente trabajo.

El debido proceso es de origen anglosajón. Se encuentra por primera vez en el capítulo XXXIX de la Carta Magna de Inglaterra de 15 de junio de 1215, que es del siguiente tenor:

> *(...)No free man shall be seized or imprisoned, or stripped of his rights or possessions, or outlawed or exiled, or deprived of his sranding in any other way, nor will we proceed with force against him, or send others to do so, except by the lawful judgement of his equals or by the law of the land (...).*[49]

Como se observa, el documento de mérito no hace referencia textual al debido proceso, sino que se aludía a la ley de la tierra (*law of the land*). No será sino hasta tiempo después que se utilice la fórmula de *due process of law*.

En Inglaterra este derecho fue una garantía procesal de la libertad personal contra las detenciones arbitrarias, ya que nadie podría ser privado de su libertad sin un proceso que contase con las formalidades jurídicas necesarias. Otorgaba garantías contra la arbitrariedad del monarca y de los jueces, mas no del Parlamento. La garantía se hizo extensiva a la propiedad, hasta convertirse en la garantía de un juicio justo. Se estableció como garantía de otros derechos y tenía una especial relación con el derecho a la vida, a la libertad y a las garantías procesales.[50] Ingresó en el

---

48 Morineau, Marta. *Introducción al sistema del common law*. En: Kurczyn Villalobos, Patricia (Coordinadora) ¿Hacia un nuevo derecho del trabajo? Instituto de Investigaciones jurídicas UNAM, 2003, p.8.

49 "... *Ningún hombre libre podrá ser detenido o encarcelado o privado de sus derechos o de sus bienes, ni puesto fuera de la ley ni desterrado o privado de su rango de cualquier otra forma, ni usaremos de la fuerza contra él ni enviaremos a otros que lo hagan, sino en virtud de sentencia judicial de sus pares y con arreglo a la ley de la tierra...*". Traducción propia.

50 Quispe Remón, Florabel. Op. cit., pp. 41-42.

torrente constitucional estadounidense a través de la enmienda V,[51] primero, y de la enmienda XIV,[52] más tarde —en la etapa de *nacionalización* del debido proceso, acogido en los estados de la Unión Americana— como instrumento de tutela de la libertad, la vida y la propiedad.[53]

Si bien los datos del debido proceso, en su versión germinal, se localizan en aquellas dos enmiendas, García Ramírez[54] añade las diversas enmiendas VI[55] y

---

51 *"No person shall be held to answer for a capital, or otherwise infamous crime, unless on a presentment or indictment of a Gran Jury, except in cases arising in the land of naval forces, or in the militia, when in actual service in time of war or public danger; nor shall any person be subject for the same offense to be twice put in jeopardy of life or limb; nor shall be compelled in any criminal case to be a witness against himself, nor be deprived of life, liberty, or property, without due process of law; nor shall private property be taken for public use without just compensation". (Nadie estará obligado a responder de un delito castigado con la pena capital o con otra infamante si un gran jurado no lo denuncia o acusa, a excepción de los casos que se presenten en las fuerzas de mar o tierra o en la milicia nacional cuando se encuentre en servicio efectivo en tiempo de guerra o peligro público; tampoco se pondrá a persona alguna dos veces en peligro de perder la vida o algún miembro con motivo del mismo delito; ni se le compelerá a declarar contra sí misma en ningún juicio criminal; ni se le privará de la vida, la libertad o la propiedad sin el debido proceso legal; ni se ocupará la propiedad privada para uso público sin una justa indemnización.)*Traducción propia.

52 *"All persons born or naturalized in the United States, and subject to the jurisdiction thereof, are citizens of the United States and of the State wherein they reside. No State shall make or enforce any law which shall abridge the privileges and immunities of citizens of the United States; nor shall any State deprive any person of life, liberty, or property, without due process of law; nor to deny to any person within its jurisdiction the equal protection of the laws". ("Todas las personas nacidas o naturalizadas en los Estados Unidos y serán sujetas a la jurisdicción de los mismos, pues son ciudadanos de los Estados Unidos y del Estado en el que residen. Ningún Estado deberá realizar o hacer cumplir cualquier ley que limite los privilegios e inmunidades de los ciudadanos de los Estados Unidos; ni podrá cualquier Estado privar a cualquier persona de la vida, la libertad o la propiedad, sin el debido proceso legal; ni negar a cualquier persona dentro de su jurisdicción la igual protección de las leyes").* Traducción propia.

53 García Ramírez, Sergio. *Panorama del debido proceso...* Op. cit., pp. 1120-1121.

54 Ídem

55 *"In all criminal prosecutions, the accused shall enjoy the right to a speedy and public trial, by an impartial jury of the State and district wherein the crime shall have been committed, which district shall have been previously ascerteined by law, and to be informed of the nature and cause of the accusation; to be confronted with the witnesses against him; to have compulsory process for obtaining witnesses in his favor, and to have the assistance of counsel for his defense". ("En todos los procesos penales, el acusado gozará del derecho a un juicio rápido y público, por un jurado imparcial del Estado y distrito en el que el crimen se haya cometido, previamente establecido por la ley; a ser informado de la naturaleza y las causas de la acusación; para enfrentarse a los testigos de cargo; a que se dispense un proceso obligatorio para la obtención de testigos en su favor y a contar con la asistencia de un abogado para su defensa").* Traducción propia.

VIII,[56] principalmente. De estas referencias y de la consecuente construcción jurisprudencial proviene el concepto del debido proceso, al cual los tribunales americanos le han dado dos vertientes: una de índole adjetiva o procesal, y otra, sustantiva.

La finalidad del debido proceso adjetivo la constituye en esencia la garantía de un *juicio limpio* para las partes en cualquier proceso y en especial para las partes en un proceso penal, ya que la función jurisdiccional aplicada de acuerdo a sus características minimiza el riesgo de resoluciones injustas. Ello no supone la obligación para todos los estados de circunscribirse a un exclusivo tipo de procedimiento, ya que cualquiera que respete su finalidad, especialmente que evite el ejercicio arbitrario del poder, será perfectamente válido.[57]

En otras palabras, en los Estados Unidos de América la garantía del juicio limpio es parte, y parte nuclear pero no la totalidad, del alcance de la cláusula del debido proceso legal, que contiene superpuestas y desarrolladas otras específicas garantías destinadas a asegurar la realización de la Justicia en los procesos (principalmente penales).

Varias de las garantías a las que hacemos referencia, las más básicas, que constituyen elementos irrenunciables del *Fair trial* y por tanto manifestaciones propias del debido proceso en su faceta procesal, serían:

a. Notificación del procedimiento
b. Tiempo para la preparación de la defensa
c. Oportunidad de ser oído
d. Audiencia conducida de manera justa
e. Audiencia previa y decisión de un tribunal imparcial
f. Prohibición de hacer declarar a una persona contra sí misma en causas criminales
g. Prohibición de juzgar dos veces al mismo individuo por el mismo acto
h. Prohibición de afectar derechos individuales por leyes retroactivas

56 *"Excessive bail shall no be required, nor excessive fines imposed, nor cruel and unusual punishment inflicted". ("No será exigida fianza excesiva, ni se impondrán multas excesivas ni penas crueles o inusitadas").* Traducción propia.

57 Esparza Leibar, Iñaki. *El principio del proceso debido.* J. M. Bosch Editor, Barcelona, 1995, pp. 75-76.

i. Obligación de establecer siempre formalidades de notificación y audiencia al procesado en todo juicio o procedimiento contencioso penal, civil o administrativo.

A las cuales se agregan el derecho a nombrar abogado defensor, el derecho a la presunción de inocencia, el derecho a un plazo razonable para la solución del proceso, el derecho a un juez competente e independiente y el derecho a la doble instancia.

En síntesis, el debido proceso *procesal*, garantiza el respeto que debe tener el Estado al individuo que está frente a la autoridad dilucidando un derecho. El Estado debe respetar ciertos derechos que no puede eludir. El resultado será la realización de los derechos constitucionalmente consagrados.[58]

Por su parte, el debido proceso *sustantivo*, es una modalidad del debido proceso que trasciende los aspectos procesales. Fue creado y desarrollado por el Tribunal Supremo de los Estados Unidos de América desde el siglo XIX.

Consiste fundamentalmente en un tamiz para juzgar a las leyes: "*... permite al Tribunal Supremo dejar sin efecto normas adoptadas arbitrariamente y carentes de razonabilidad...*[59]".

Así, la doctrina del debido proceso sustantivo es llamada así porque la investigación se centra no en el procedimiento legal por el que uno es declarado culpable y castigado (o privado de sus derechos), sino más bien en la propia ley, en su contenido, y en determinar si a una persona se le puede exigir legítimamente que obedezca dicha ley.

2.2.2. ORÍGENES DEL DEBIDO PROCESO EN EL *CIVIL LAW*

El debido proceso ha sido recogido también en los países que pertenecen a la tradición del *civil law*, es decir, a la familia jurídica del derecho romano-germánico.

En los países de esta tradición, el debido proceso suele estar recogido en sus códigos o constituciones; en algunos casos con ese mismo nombre y, en otros, con nombre distinto, pero todos haciendo referencia al concepto del debido proceso; en México, el artículo 14 Constitucional alude a las "*formalidades esenciales del procedimiento*", que deben preceder a todo acto de privación; en Argentina, el artículo

---

58 Quispe Remón, Florabel. Op. cit., pp. 67-68.

59 Ibídem, p. 72.

18 de su Ley Fundamental, hace referencia a la *"garantía de defensa en juicio"*, y la Constitución Española, en su numeral 24, a la *"tutela judicial"*.

En el caso mexicano, los antecedentes más remotos del actual artículo 14 de la CPEUM se sitúan, desde luego, en el indicado artículo XXXIX de la Carta Magna de Juan sin Tierra y en la citada V enmienda de la Constitución de los Estados Unidos de América. Otro antecedente proviene del antiguo derecho español; en 1186, la *Novísima Recopilación* previó una garantía de audiencia, consistente en que no podía procederse contra los súbditos del rey sino mediante las *"formas tutelares del juicio"*.[60]

El proyecto de Constitución mexicana de 1857 contenía en tres preceptos la información que hoy integra el artículo 14 de la CPEUM. Los artículos 4o., 21 y 26 del proyecto se referían, respectivamente, a la irretroactividad de la ley; la no desposesión de propiedades o derechos sino por sentencia judicial dictada según las formas y las condiciones establecidas en las leyes; y la no privación de la vida, la libertad o la propiedad, sino en virtud de una sentencia dictada por autoridad competente y de acuerdo con las formas fijadas en la ley y exactamente aplicables al caso. Estos preceptos estaban inspirados en las secciones 9 y 10 del artículo 1o. de la Constitución estadounidense, así como en sus enmiendas V y XIV. La primera parte del artículo 14 de la Constitución de 1857 contenía el texto del artículo 4o. del proyecto, mientras que los artículos 21 y 26 de aquél se convirtieron en la garantía de la exacta aplicación de la ley —garantía de legalidad— en materia judicial, tal como aparece en el actual artículo 14. Por último, se añadió el cuarto párrafo, tocante a la garantía de legalidad en las materias civil y administrativa.[61]

El texto del artículo 14 de la CPEUM, ahora vigente, es del siguiente tenor:

> *(...) A ninguna ley se dará efecto retroactivo en perjuicio de persona alguna.*
> *Nadie podrá ser privado de la libertad o de sus propiedades, posesiones o derechos, sino mediante juicio seguido ante los tribunales previamente establecidos, en el que se cumplan las formalidades esenciales del procedimiento y conforme a las Leyes expedidas con anterioridad al hecho.*
> *En los juicios del orden criminal queda prohibido imponer, por simple analogía, y aún por mayoría de razón, pena alguna que no esté decretada por una ley exactamente aplicable al delito de que se trata.*

---

60 Suprema Corte de Justicia de la Nación. *Las Garantías de Seguridad Jurídica*. Colección Garantías Individuales, Número 2. México, Segunda Edición, 2005, p. 34

61 Ídem.
Ibídem, p. 35.

> *En los juicios del orden civil, la sentencia definitiva deberá ser conforme a la letra o a la interpretación jurídica de la ley, y a falta de ésta se fundará en los principios generales del derecho (...).*

De esa manera es como el indicado precepto constitucional, en su párrafo segundo, da cabida a una forma del debido proceso, conocido en el derecho nacional como *garantía de audiencia.*

Como el primer párrafo del artículo 14 expresa que nadie será privado de sus bienes jurídicamente tutelados, se infiere que los titulares de esta garantía son todos los sujetos activos de los derechos humanos (tanto personas físicas como jurídicas), de conformidad con el primer párrafo del artículo 1o. del propio ordenamiento constitucional. En cuanto a los bienes protegidos, son la libertad, la propiedad, las posesiones y los derechos de los gobernados.[62]

En el juicio previo a que se tiene derecho antes de que proceda un acto de privación, deben observarse las llamadas formalidades esenciales del procedimiento, heredadas de la audiencia judicial hispánica y del *due process of law* (debido proceso legal) anglosajón. El Pleno de la SCJN,[63] ha definido que esas formalidades son las que resultan necesarias para garantizar la defensa adecuada antes del acto de privación y que, de manera genérica, se traduce en los siguientes requisitos:

1) La notificación del inicio del procedimiento y sus consecuencias;
2) La oportunidad de ofrecer y desahogar las pruebas en que se finque la defensa;
3) La oportunidad de alegar; y
4) El dictado de una resolución que dirima las cuestiones debatidas.

De no respetarse estos requisitos, se dejaría de cumplir con el fin de la garantía de audiencia, que es evitar la indefensión del afectado

---

62 Ibídem, p. 50.

63 "FORMALIDADES ESENCIALES DEL PROCEDIMIENTO. SON LAS QUE GARANTIZAN UNA ADECUADA Y OPORTUNA DEFENSA PREVIA AL ACTO PRIVATIVO". No. Registro: 200, 234, Jurisprudencia, Materia(s): Constitucional, Común, Novena Época, Instancia: Pleno, Fuente: Semanario Judicial de la Federación y su Gaceta, Tomo II, diciembre de 1995, Tesis: P./J. 47/95, Página: 133.

Ahora bien, en el continente europeo, algunos autores señalan como ejemplos del fenómeno de la constitucionalización de las garantías procesales, los casos de Alemania y España.[64]

Así, la Ley Fundamental de Bönn de la República Federal Alemana de 23 de mayo de 1949, instauró mecanismos de protección de los derechos fundamentales; no obstante, en su articulado no existe una mención explícita al término debido proceso, ni a la tutela judicial o tutela jurisdiccional efectiva;[65] pese a ello, su artículo 19.4 hace mención al derecho que le asiste a toda persona para acudir a los órganos jurisdiccionales, cuando sus derechos fuesen vulnerados por el poder público, que, antes de que una referencia al debido proceso, parece un reconocimiento del derecho de acción o del derecho de acceso a la justicia, en cuanto a vulneraciones del poder público; y sus diversos numerales 103 y 104, aluden al derecho a ser oído ante los tribunales, el principio de legalidad en materia penal, el principio de *non bis in ídem* y las garantías jurídicas en caso de privación de la libertad. Es por lo anterior que Quispe Remón asevera que:

> *(...) a través del reconocimiento de algunas de las garantías del debido proceso —aunque referidas básicamente al ámbito penal, pero no exclusivas de éste—, la Ley Fundamental de Bonn reconoce implícitamente el derecho a un debido proceso, porque no tendría sentido que reconociese esas garantías si no persiguiera la finalidad de que los procesos donde esas garantías deben aplicarse sean justos o, si se prefiere, compatibles con lo que se ha venido en denominar como debido proceso (...).*[66]

---

64 Quispe Remón, Florabel. Op. Cit., p. 81.

65 Empero, la jurisprudencia del Tribunal Constitucional Federal Alemán (Sentencia BVerfGE 107, 395, Resolución del Pleno, del 30 de abril de 2003 —1PBvU1/02—), asocia a la garantía de audiencia (expresamente reconocida en la Ley Fundamental), con el derecho general a la tutela jurisdiccional o de la protección jurídica: "*... 1. La garantía de protección jurídica eficaz constituye un elemento esencial del Estado de Derecho...*". "*... La Ley Fundamental garantiza la protección jurídica ante los tribunales, no sólo en términos del artículo 19, párrafo 4, de la Ley Fundamental sino, más allá de esta disposición, en el marco del derecho general a la tutela jurisdiccional...*". "*... La garantía general de la protección jurídica abarca: el acceso efectivo a los tribunales, que la pretensión jurídica (objeto de la litis) sea analizada dentro de un proceso formal, y que sea resuelta por los tribunales mediante una sentencia vinculante...*". En: Jurisprudencia del Tribunal Constitucional Federal Alemán. Extractos de las sentencias más relevantes compiladas por Jürgen Schwabe. Berlín, Konrad Adenauer Stiftunge. V., 2009, p. 526.

66 Quispe Remón, Florabel, Op. Cit., p. 84. La autora también añade que los artículos 1 y 3 de esa Constitución contemplan a la dignidad del ser humano, así como a sus derechos inherentes, como el fundamento de toda la comunidad humana, de la paz y la justicia del mundo; de tal manera que esos objetivos no podrían alcanzarse si el poder público no reconociera el concepto del debido proceso. Otro factor que campea es el enriquecimiento que el Tribunal Europeo de

Por su parte, la Constitución Española de 1978, recoge en su capítulo segundo los derechos y libertades, haciendo referencia expresa a los derechos fundamentales y a las libertades públicas, ubicando en el artículo 24, al debido proceso, al enunciar:

> *(...) 1. Todas las personas tienen derecho a obtener la tutela efectiva de los jueces y tribunales en el ejercicio de sus derechos e intereses legítimos, sin que, en ningún caso, pueda producirse indefensión.*
>
> *2. Asimismo, todos tienen derecho al juez ordinario predeterminado por la ley, a la defensa y a la asistencia de letrado, a ser informados de la acusación formulada contra ellos, a un proceso público sin dilaciones indebidas y con todas las garantías, a utilizar los medios de prueba pertinentes para su defensa, a no declarar contra sí mismos, a no confesarse culpables y a la presunción de inocencia (...).*

Valencia Mirón[67] destaca que el Tribunal Constitucional Español, ha resuelto que ese derecho fundamental, no es una prerrogativa de libertad, sino de prestación, que únicamente puede ejercerse por los cauces que el legislador establece o, dicho de otro modo, es un derecho de configuración legal; pero ni el legislador podría poner cualquier obstáculo a aquél, pues ha de respetar siempre su contenido esencial, ni nadie que no sea el legislador puede crear impedimentos o limitaciones al derecho a la tutela judicial.

Conforme a la doctrina jurisprudencial española, todo sujeto jurídico tiene, frente a los órganos jurisdiccionales un poder básico: el derecho de libre acceso a los juzgados y tribunales; es un derecho que se tiene antes del proceso. Cuando el sujeto jurídico accede al proceso, se convierte en parte y como tal es titular del derecho a una sentencia de fondo, del derecho al recurso y del derecho a la ejecución de las sentencias. Por ende, es un derecho de todos, que exige una respuesta judicial mediante resolución motivada, en la que se examine la pretensión formulada y se contenga un pronunciamiento sobre ella. Esa resolución podrá ser de inadmisión (el derecho no es absoluto), empero el legislador no puede imponer obstáculos que impidan el libre acceso y los Tribunales deben evitar los formalismos excesivos, favoreciendo la subsanación de los defectos procesales. Finalmente, a los Tribunales corresponde el deber de promover la efectividad de este derecho fundamental.[68]

Derechos Humanos le ha brindado al concepto del debido proceso en Alemania; así éste abarca también al proceso civil, al contencioso administrativo y al de cualquier otro carácter.

67 Valencia Mirón, Antonio José. *Introducción al derecho procesal*. Comares, Granada, 2005, p. 309.

68 Ibídem, pp. 310-311.

2.2.3. EL DEBIDO PROCESO EN EL DERECHO INTERNACIONAL

Los principios y garantías del debido proceso están reconocidos en pactos o convenios internacionales, pero también en importantes declaraciones y resoluciones internacionales sobre derechos humanos, adoptados por la Asamblea General de la ONU y de la OEA, tratados entre los que cabe destacar fundamentalmente el Pacto Internacional de Derechos Civiles y Políticos y la Convención Americana sobre Derechos Humanos.

El derecho internacional ha reconocido principios y garantías del debido proceso que son comunes a las partes en el proceso judicial —víctimas e imputados, o demandantes y demandados—, algunas de las cuales tienen carácter de garantías inderogables, es decir, que no son susceptibles de suspensión, afectación o limitación en ninguna circunstancia. Entre los principios, derechos y garantías comunes se pueden mencionar los siguientes: principio de legalidad; principio de igualdad ante la ley y los tribunales de justicia; principio de publicidad procesal; derecho de acceso a la jurisdicción; derecho a un juez competente, independiente e imparcial, derecho a un juez natural predeterminado por la ley; derecho a la tutela judicial efectiva; derecho a un juicio justo; derecho a un trato humano; derecho a la celeridad judicial, y derecho a un recurso efectivo.

Respecto a estos principios y garantías comunes, la Declaración Universal de Derechos Humanos (artículo 8) establece que *"toda persona tiene derecho a un recurso efectivo, ante tribunales nacionales competentes, que la ampare contra actos que violen sus derechos fundamentales reconocidos por la Constitución o por la ley"*; y en su artículo 10 establece que *"toda persona tiene derecho, en condiciones de plena igualdad, a ser oída públicamente y con justicia por un tribunal independiente e imparcial, para la determinación de sus derechos y obligaciones, o para el examen de cualquier acusación contra ella en materia penal"*.

La Declaración Americana de los Derechos y Deberes del Hombre, en su artículo XVIII, reconoce el derecho a la justicia, al establecer que *"toda persona puede ocurrir a los tribunales para hacer valer sus derechos. Asimismo debe disponer de un procedimiento sencillo y breve por el cual la justicia lo ampare contra actos de la autoridad que violen, en perjuicio suyo, alguno de los derechos fundamentales consagrados constitucionalmente"*.

El Pacto Internacional de Derechos Civiles y Políticos establece en su artículo 2.3 que cada uno de los Estados Partes en el presente Pacto se compromete a garantizar que: a) toda persona cuyos derechos o libertades reconocidos en el presente Pacto hayan sido violados podrá interponer un recurso efectivo, aun cuando tal violación hubiere sido cometida por personas que actuaban en ejercicio de sus funciones oficiales; b) la autoridad competente, judicial, administrativa o legislativa, o cualquier otra autoridad competente prevista por el sistema legal del Estado, decidirá sobre los derechos de toda persona que interponga tal recurso, y desarrollará las posibilidades de recurso judicial; c) las autoridades competentes cumplirán toda decisión en que se haya estimado procedente el recurso. El Pacto también dispone en su artículo 14.1 que todas las personas son iguales ante los tribunales y cortes de justicia. Toda persona tendrá derecho a ser oída públicamente y con las debidas garantías por un tribunal competente, independiente e imparcial, establecido por la ley, en la sustanciación de cualquier acusación de carácter penal formulada contra ella o para la determinación de sus derechos u obligaciones de carácter civil.

La Convención Americana sobre Derechos Humanos, por su parte, reconoce en su artículo 8 que *"toda persona tiene derecho a ser oída, con las debidas garantías y dentro de un plazo razonable, por un juez o tribunal competente, independiente e imparcial, establecido con anterioridad por la ley, en la sustanciación de cualquier acusación penal formulada contra ella, o para la determinación de sus derechos y obligaciones de orden civil, laboral, fiscal o de cualquier otro carácter"*. También señala en su artículo 25, que *"toda persona tiene derecho a un recurso sencillo y rápido o a cualquier otro recurso efectivo ante jueces o tribunales competentes, que la ampare contra actos que violen sus derechos fundamentales reconocidos por la Constitución, la ley o la presente Convención, aun cuando tal violación sea cometida por personas que actúen en ejercicio de sus funciones oficiales"*.

El Convenio Europeo para la Protección de los Derechos Humanos y las Libertades Fundamentales señala, asimismo, en su artículo 6, que *"toda persona tiene derecho a que su causa sea oída equitativa, públicamente y dentro de un plazo razonable, por un tribunal independiente e imparcial establecido por la ley, que decidirá los litigios sobre sus derechos y obligaciones de carácter civil o de sobre el fundamento de cualquier acusación en materia penal dirigida contra ella"*. En su artículo 13, el Convenio Europeo establece que *"toda persona cuyos derechos o libertades reconocidos en el presente Convenio hayan sido violados tiene derecho a la concesión de un recurso efectivo ante una instancia nacional, incluso cuando la violación haya sido cometida por personas que actúen en el ejercicio oficial de sus funciones"*.

Por otra parte, en el derecho internacional de los derechos humanos se reconoce un amplio catálogo de principios, derechos y garantías propios del imputado, entre los que se mencionan los siguientes: el principio de presunción de inocencia; el principio de irretroactividad de la ley penal; el principio de la responsabilidad penal individual; el derecho a la defensa y a la asistencia letrada; el derecho a comunicarse con su defensor en forma confidencial y sin demora ni censura; el derecho a disponer del tiempo necesario y de los medios adecuados para su defensa; el derecho a ser informado de manera inmediata y comprensible de sus derechos, de los motivos de la detención y de la autoridad que la ordena; el derecho a ser juzgado dentro de un plazo razonable; el derecho a no ser juzgado dos veces por la misma causa —*non bis in ídem*—; el derecho a no ser encarcelado por el incumplimiento de deudas o de obligaciones contractuales; el derecho a no ser obligado a declarar ni a confesarse culpable; el derecho a un intérprete o traductor; el derecho de protección contra todo tipo de detención ilegal o arbitraria; el derecho al *hábeas corpus*; el derecho a que en el proceso penal se asegure que la libertad personal será reconocida y respetada como regla general y la prisión preventiva como la excepción, y el derecho a indemnización por error judicial.

De igual forma, se consignan ciertos derechos de protección especial de los imputados, entre ellos: el derecho de protección contra la tortura y otros tratos o penas crueles, inhumanos o degradantes; el derecho de protección contra la incomunicación; el derecho de protección contra las desapariciones forzadas o involuntarias, y el derecho de protección contra las ejecuciones extrajudiciales, sumarias o arbitrarias.

El derecho internacional de los derechos humanos también ha reconocido importantes principios, derechos y garantías en favor de las víctimas de delitos, de abuso del poder y de violaciones de derechos humanos, y ha adoptado un concepto amplio de "víctima", particularmente en el instrumento declarativo específico que regula esta materia, que es la *Declaración sobre los Principios Fundamentales de Justicia para las Víctimas de Delitos y del Abuso de Poder de las Naciones Unidas*. Asimismo, cobra capital importancia los *Principios y directrices básicos sobre el derecho de las víctimas de violaciones manifiestas de las normas internacionales de derechos humanos y de violaciones graves del derecho internacional humanitario a interponer recursos y obtener reparaciones*, pronunciados también en el seno de la ONU.

De la enunciación de dichas normas, puede advertirse claramente, que el derecho internacional (de los derechos humanos) contiene, un extenso catálogo de garantías inderogables del debido proceso, y desarrolla importantes disposiciones y prohibiciones para los Estados con el fin de garantizar la protección de derechos fundamentales.

En tal sentido, se reconoce el carácter inderogable de esas garantías, concibiéndose el derecho al debido proceso como parte indivisible del acceso a la justicia.[69]

[69] Quispe Remón, Florabel. Op. cit., p. 528.

2.2.4. EL DEBIDO PROCESO COMO NORMA DE *IUS COGENS*

Con el transcurrir del tiempo, como consecuencia de las circunstancias y de las necesidades de la sociedad, el derecho al debido proceso ha evolucionado en la comunidad internacional hasta adquirir la naturaleza de derecho fundamental. Como se deduce de lo señalado hasta ahora, los instrumentos internacionales ya destacados, reconocen como derecho fundamental, bajo distintas denominaciones, el derecho al debido proceso. Tiene naturaleza de derecho fundamental en el derecho internacional de los derechos humanos. Es un derecho fundamental de primera generación.[70] La inobservancia del debido proceso trae como consecuencia la nulidad del proceso seguido y de la sentencia.[71]

Si bien, como se ha visto, el debido proceso es una norma internacional de naturaleza convencional, cabe plantearse si es posible concebirla en tanto norma consuetudinaria.

El Estatuto de la Corte Internacional de Justicia (CIJ), en su artículo 38, dispone lo siguiente:[72]

> *(…) La Corte, cuya función es decidir conforme al derecho internacional las controversias que le sean sometidas, deberá aplicar:*
>
> *a. las convenciones internacionales, sean generales o particulares, que establecen reglas expresamente reconocidas por los Estados litigantes;*
>
> *b. la costumbre internacional como prueba de una práctica generalmente aceptada como derecho;*
>
> *c. los principios generales de derecho reconocidos por las naciones civilizadas;*
>
> *d. las decisiones judiciales y las doctrinas de los publicistas de mayor competencia de las distintas naciones, como medio auxiliar para la determinación de las reglas de derecho, sin perjuicio de lo dispuesto en el Artículo 59(…).*

---

70 Recuérdese que los derechos humanos se clasifican, atendiendo a su evolución, en cinco estadíos: *Primera generación*: Los derechos civiles y políticos —también denominados como libertades clásicas—; *Segunda generación*: Los derechos económicos, sociales y culturales; *Tercera generación*: Los derechos de solidaridad o de los pueblos; *Cuarta generación*: Todos aquellos que poco a poco surgen como resultado del desarrollo de la técnica; y, *Última generación*: Acceso universal a formas más avanzadas de ciudadanía y civilidad, de libertad y de calidad de vida (justicia universal, desarrollo sostenible, tolerancia sexual, flexibilización laboral).

71 Ejemplo de ello, en la instancia supranacional, se tiene el fallo de 25 de noviembre de 2004, emitido por la Corte Interamericana de Derechos Humanos, en el caso *Lori Berenson contra Perú*. Consultable en: *http://www.corteidh.or.cr/docs/casos/articulos/seriec_119_esp.pdf*. Fecha de recuperación, 12 de junio de 2023.

72 Estatuto visible en: http://www.icj-cij.org/homepage/sp/icjstatute.php. Fecha de recuperación, 12 de junio de 2023.

De lo anterior, se observa que el apartado "b" de dicho numeral, alude a la costumbre internacional, como prueba de una práctica generalmente aceptada como derecho. En ese sentido, Quispe Remón[73] apunta que la jurisprudencia de la CIJ ha establecido la exigencia de dos elementos para la configuración de la costumbre: el material y la *opinio iuris*. El primero, hace referencia a la repetición de actos, es decir, a la práctica constante y uniforme; el segundo, a la convicción por parte de los sujetos de Derecho Internacional de que se trata de una práctica que obliga jurídicamente.

Entonces, partiendo de los siguientes rasgos, es perfectamente posible, dado el contenido abierto del debido proceso, la incorporación de un nuevo derecho por medio de la costumbre:[74]

a. Las normas internacionales de derechos humanos que abordan el contenido del debido proceso no contemplan todos los elementos que los ordenamientos nacionales consideran, como es el caso del derecho a la efectividad de la tutela procesal. Los diversos ordenamientos de los países civilizados reconocen este derecho como un elemento del debido proceso, en el entendido de que no basta que un proceso se inicie y concluya, sino que es necesario que se asegure que efectivamente se cumpla la decisión definitiva,[75] e incluso que se evite la producción de un perjuicio irreparable que pueda afectar la justicia de la decisión que se emita.
b. El derecho a la prueba, como contenido del debido proceso suele tener en los ordenamientos nacionales un contenido mayor al que se otorga en las normas positivas de derecho internacional; a saber; se regula la existencia de la prueba anticipada, ante el peligro de que ésta desaparezca o resulte inútil.

Ambas cuestiones, constituyen una práctica común en las legislaciones estatales, y la opinión de la comunidad jurídica al respecto, destaca la imperiosa necesidad de

---

73 Quispe Remón, Florabel, Op. cit., p. 226.

74 Ibídem, pp. 227-228.

75 Por ejemplo, en México, la Primera Sala de la SCJN, ha establecido en su jurisprudencia, la existencia del principio de *completitud*, contenido en la garantía de acceso efectivo a la justicia, en: PRINCIPIO DE MAYOR BENEFICIO EN MATERIA PENAL. ORDEN EN QUE SE DEBEN ESTUDIAR LOS CONCEPTOS DE VIOLACIÓN EN RAZÓN DE LOS EFECTOS EN QUE SE TRADUZCA LA CONCESIÓN DEL AMPARO. No. Registro: 172, 703. Tesis aislada. Materia(s): Penal. Novena Época. Instancia: Primera Sala. Fuente: Semanario Judicial de la Federación y su Gaceta. Tomo XXV, abril de 2007. Tesis: 1a. XC/2007. p. 368.

la observancia de aquéllas. Por ende, son susceptibles de incorporarse al derecho al debido proceso, de manera consuetudinaria.

En esas condiciones, es patente que el debido proceso, por su importancia y trascendencia en el respeto y protección de los derechos humanos inherentes a la dignidad humana, es parte de los derechos indispensables e insustituibles en toda sociedad, y forma parte del estándar mínimo de los derechos humanos, de manera tal que los derechos sustantivos contenidos en los diversos instrumentos jurídicos internacionales, no serían viables sin el debido proceso legal: *"... el debido proceso es un derecho indispensable en la sociedad porque permite justamente al individuo reclamar la satisfacción de sus demás derechos...*[76]*"*.

En esa línea, debe destacarse que el artículo 53 de la Convención de Viena sobre el Derecho de los Tratados, es del siguiente tenor:

> *(...) Es nulo todo tratado que, en el momento de su celebración, esté en oposición con una norma imperativa de derecho internacional general. Para los efectos de la presente Convención una norma imperativa de derecho internacional general es una norma aceptada y reconocida por la comunidad internacional de Estados en su conjunto como norma que no admite acuerdo en contrario y que sólo puede ser modificada por una norma ulterior de derecho internacional general que tenga el mismo carácter(...).*

Como se ha visto, el derecho al debido proceso cumple con los requisitos de dicho numeral, toda vez que es reconocido como derecho fundamental esencial por la comunidad internacional en su conjunto y forma parte de ese grupo minoritario de derechos, que consagran los valores esenciales de la comunidad internacional.

El calificativo de norma de *ius cogens,* se le ha dado al debido proceso en la jurisprudencia de la Corte Interamericana de Derechos Humanos (CorIDH), al brindarle esa cualidad al acceso a la justicia, que como se verá, es una de las garantías que contempla el debido proceso.

En efecto, al resolverse el caso *Goiburú*,[77] se adujo:

> *(...) 131. De manera consecuente con lo anterior, ante la naturaleza y gravedad de los hechos, más aún tratándose de un contexto de violación sistemática de derechos humanos, la necesidad de erradicar la impunidad se presenta ante la comunidad internacional como un deber de cooperación inter-estatal para estos efectos. La impunidad no será erradicada sin la consecuente determinación de las responsabilidades generales —del Estado— y particulares —penales de sus agentes o particula-*

---

[76] Quispe Remón, Florabel. Op. cit., p. 579.

[77] http://www.corteidh.or.cr/docs/casos/articulos/seriec_153_esp.pdf. Recuperado el 12 de junio de 2023.

res—, complementarias entre sí. El acceso a la justicia constituye una norma imperativa de Derecho Internacional y, como tal, genera obligaciones erga omnes para los Estados de adoptar las medidas que sean necesarias para no dejar en la impunidad esas violaciones, ya sea ejerciendo su jurisdicción para aplicar su derecho interno y el derecho internacional para juzgar y, en su caso, sancionar a los responsables, o colaborando con otros Estados que lo hagan o procuren hacerlo (...).

Al fallarse el caso *La Cantuta*,[78] se expresó;

(...) 142. El Tribunal ha establecido que en un Estado democrático de derecho la jurisdicción penal militar ha de tener un alcance restrictivo y excepcional: sólo se debe juzgar a militares por la comisión de delitos o faltas que por su propia naturaleza atenten contra bienes jurídicos propios del orden militar. Al respecto, la Corte ha dicho que "[c]uando la justicia militar asume competencia sobre un asunto que debe conocer la justicia ordinaria, se ve afectado el derecho al juez natural y, a fortiori, el debido proceso", el cual, a su vez, se encuentra íntimamente ligado al propio derecho de acceso a la justicia. Por estas razones y por la naturaleza del crimen y el bien jurídico lesionado, la jurisdicción penal militar no es el fuero competente para investigar y, en su caso, juzgar y sancionar a los autores de estos hechos (...).

(...) 160. Según ha sido reiteradamente señalado, los hechos del presente caso han infringido normas inderogables de derecho internacional (ius cogens). En los términos del artículo 1.1 de la Convención Americana, los Estados están obligados a investigar las violaciones de derechos humanos y a juzgar y sancionar a los responsables. Ante la naturaleza y gravedad de los hechos, más aún tratándose de un contexto de violación sistemática de derechos humanos, la necesidad de erradicar la impunidad se presenta ante la comunidad internacional como un deber de cooperación interestatal para estos efectos. El acceso a la justicia constituye una norma imperativa de Derecho Internacional y, como tal, genera obligaciones erga omnes para los Estados de adoptar las medidas que sean necesarias para no dejar en la impunidad esas violaciones, ya sea ejerciendo su jurisdicción para aplicar su derecho interno y el Derecho Internacional para juzgar y, en su caso, sancionar a los responsables de hechos de esa índole, o colaborando con otros Estados que lo hagan o procuren hacerlo. La Corte recuerda que, bajo el mecanismo de garantía colectiva establecido en la Convención Americana, en conjunto con las obligaciones internacionales regionales y universales en la materia, los Estados Parte en la Convención deben colaborar entre sí en ese sentido (...).

(...) 228. Finalmente, tal como lo ha hecho hasta ahora, el Estado debe asegurar que los familiares de las víctimas tengan pleno acceso y capacidad de actuar en todas las etapas e instancias de dichas investigaciones y procesos, de acuerdo con la ley interna y las normas de la Convención Americana. Asimismo, dichos resultados deberán ser públicamente divulgados por el Estado, de manera que la sociedad peruana pueda conocer la verdad acerca de los hechos del presente caso (...).

[78] http://www.corteidh.or.cr/docs/casos/articulos/seriec_162_esp.pdf. Recuperado el 12 de junio de 2023.

Para concluir, el derecho al debido proceso (y en sí, el de acceso a la justicia), son normas de *ius cogens,* exigen tanto investigar como no abandonar el esclarecimiento de los hechos delictivos para aplicar la sanción de los responsables que constituye, desde otra perspectiva, el derecho a saber la verdad que tiene la víctima y sus familiares a fin de obtener las respectivas reparaciones. Así lo ha determinado también la CorIDH en varios casos relevantes.[79]

De tal forma que el derecho al debido proceso, como un derecho esencial, cuenta con fundamentos sólidos para formar parte de las normas imperativas de derecho internacional general; en ese sentido, serían nulos todos los tratados que no cumplan con esa prerrogativa.

2.2.5. PRINCIPIOS RELATIVOS AL PROCESO

Existe un grupo de principios que son comunes a todo tipo de procesos y que están referidos a las posibilidades de intervención de las partes en el proceso. A ellos, y por suponer su existencia el respeto de algunos postulados elementales de justicia, se les ha llegado a denominar, por algún concreto sector doctrinal, como principios *jurídico-naturales.*[80] Serán comunes a todos los procesos los siguientes principios:

- *Dualidad de posiciones*: Cuya concreción cabría en el siguiente enunciado: La existencia de un verdadero proceso requiere necesariamente de dos posiciones, que no partes, contrapuestas; sin esa dualidad no existirá un verdadero proceso, y de otra parte la misma determinará la estructura del proceso a que dará lugar precisamente la dualidad de posiciones. Montero Aroca[81] indica al respecto, que: *"... un proceso con una sola parte es inimaginable, y por eso, entre otras cosas, el llamado proceso inquisitivo no era un verdadero proceso...".*

Finalmente, debe acotarse que el derecho a ser oído no implica la mera posibilidad de argumentar, sino que conlleva otros elementos básicos de todo proceso, como son el derecho a formular alegatos, el derecho a proponer prueba y el derecho al recurso.

---

79 *Caso Villagrán Morales y otros (Niños de la calle)*, sentencia del 19 de noviembre de 1999, serie C, núm. 63. http://www.corteidh.or.cr/docs/casos/articulos/Seriec_63_esp.pdf. Recuperado el 12 de junio de 2023.

80 Esparza Leibar, Iñaki. Op. cit., p. 29.

81 Montero Aroca, Juan. *Principios del proceso penal. Una explicación basada en la razón.* Tirant lo Blamch, Valencia, 1997. p. 137.

- *Principio de igualdad de las partes*: Cuya existencia garantizará que todas las partes dispongan de igualdad de medios para la defensa de sus respectivas posiciones; lo que debemos entender en este lugar no es que las partes son iguales pues no lo son (especialmente si consideramos al Estado u otra administración pública en su actuación como parte procesal, también es el caso del Ministerio Público en relación con el acusado en el proceso penal, pero también se dan desigualdades por circunstancias de hecho, económicas, culturales, etc.) sino que, en virtud de la igualdad quedarán automáticamente proscritas las posibilidades de existencia de privilegios para alguna de ellas. Posiblemente sea éste el principio de más difícil aplicación real, dado que el mero enunciado normativo (por elevado que sea el cuerpo que lo recoge), no podrá en ningún caso con pretensiones de inmediatez acabar con desigualdades de hecho poco menos que milenarias en el seno de la sociedad en el que se intenta promover.

De los citados principios comunes a todos los procesos, al menos el de audiencia y contradicción y el de igualdad informan la legislación procesal tanto desde el prisma ejemplificador y general propio de todas las instituciones principales, como, y cerrando el sistema, *garantías constitucionales del proceso*,[82] de todos ellos lo que requiere un desarrollo específico para cada uno partiendo no ya de la generalidad y abstracción sino de las exigencias concretas de cada fase de cada proceso.

[82] Esparza Leibar, Iñaki. Op. cit., p. 31.

Capítulo 3
LA GARANTÍA JURISDICCIONAL DEL PROCESO

El Derecho se aplica por los tribunales; éstos han de utilizar necesariamente el medio que es el proceso, no pudiendo imponer condenas de cualquier otra forma. He aquí una opción de civilización, que ha llevado a prohibir aplicaciones del Derecho que no se realicen precisamente con las garantías del proceso; esa situación, no ha sido siempre así históricamente, pero sí conviene resaltar que, decidido políticamente que el proceso es el mejor instrumento para garantizar tanto la legalidad del resultado final como los derechos del acusado, ese proceso ha de conformarse según los principios esenciales del mismo, aquéllos que hacen que una actividad sea proceso y no otra cosa.[83] Para actuar, esos tribunales requieren de jurisdicción.

La jurisdicción en un sentido amplio se refiere a la función de fuente formal del derecho, y así, se tiene que la ley, la costumbre y la jurisprudencia, son manifestaciones de ella; por tanto, no debe confundirse la jurisdicción con el proceso, porque no solamente declara el derecho el juez al dictar la sentencia, sino que también lo hace el legislador al emitir la ley y el gobierno cuando promulga un decreto con fuerza de ley.[84]

Por su parte, la jurisdicción, en sentido estricto, alude a la función pública de administrar justicia, emanada de la soberanía del Estado y ejercida por un órgano especial. Tiende a la realización o declaración del derecho y a la tutela de la libertad individual y del orden jurídico, mediante la aplicación de la ley en los casos concretos:

---

83 Montero Aroca, Juan, Op. cit., p. 21.

84 Devis Echandía, Hernando. Teoría general del proceso. Editorial Universidad, Buenos Aires, 2004, p. 94.

> *(...) Por tanto, es la potestad de administrar justicia, función de uno de los órganos del Estado, y ella emerge de su soberanía, como lo consagran las constituciones (...).*[85]

Es una garantía pues, para el individuo, que el derecho lo aplican los jueces; en efecto, el carácter exclusivo y obligatorio de la función de mérito, es un principio elemental, sin el cual la vida en comunidad se haría imposible en forma civilizada. Sus consecuencias son la prohibición de la justicia privada (ejercicio arbitrario del propio derecho) y la obligatoriedad de las decisiones judiciales.

En efecto, lo anterior implica el derecho a ser juzgado por jueces y tribunales competentes, independientes e imparciales. Este derecho está reconocido por el artículo 10 de la Declaración Universal de los Derechos Humanos.

Entonces, la garantía jurisdiccional nos sirve para determinar que el Derecho lo aplican los tribunales y que lo hacen por medio del proceso, según la fórmula que cita Gómez Lara:[86] "*... no hay proceso sin jurisdicción...*"; por ende, es impensable su desarrollo sin la actividad humana, luego, resulta indispensable la intervención de determinados sujetos, lo que nos conduce a establecer la posibilidad de la existencia de una pluralidad de partes en el proceso, las que actúan junto con el titular de la jurisdicción.

3.1. LA JURISDICCIÓN

El principio fundamental de la jurisdicción (de su titular), es necesariamente, la imparcialidad, pues es condicionante del *debido proceso*.[87]

Debe partirse de la base de que la causa de todo proceso implica un conflicto intersubjetivo de intereses.

La misma esencia de la potestad jurisdiccional supone que el titular de esta no puede ser, al propio tiempo, parte en el conflicto que se somete a su decisión, pues no debe tener un interés en el mismo:

> *(...) En toda actuación de Derecho por la jurisdicción han de existir dos partes enfrentadas entre sí, que por lo mismo son parciales, las cuales acuden a un tercero*

---

85 Ibídem, p. 95.

86 Gómez Lara, Cipriano. *Teoría general del proceso*. Harla, México, 1996, p. 87.

87 Alvarado Velloso, Adolfo, Op. Cit., p. 210.

imparcial que es el titular de la potestad jurisdiccional, es decir, el juez o magistrado. Esta no calidad de parte, ha sido denominada también «impartialidad»(...).[88]

Dicha imparcialidad se materializa sustancialmente en una distancia legalmente determinada entre los jueces y las partes; las normas que regulan esa instancia pertenecen sistemáticamente más al derecho de constitución de los tribunales (es decir, al derecho orgánico), que al proceso.

Cabe distinguir entre una imparcialidad objetiva, derivada de causas de incompatibilidad establecidas por la ley, e imparcialidad subjetiva, conformada por sentimientos especialmente adversos del juez a alguna de las partes.[89]

Una síntesis del concepto de imparcialidad se contiene en los siguientes mandatos:[90]

a. Excluir prejuicios de todo tipo;
b. Mantener la independencia de cualquier opinión;
c. No identificación con alguna ideología determinada;
d. Ajenidad frente a la posibilidad de dádiva o soborno; a la influencia de la amistad, del odio, de un sentimiento caritativo, de un protagonismo ante los medios de comunicación;
e. No involucración personal ni emocional en el asunto;
f. Evitar participar en la investigación (en tratándose de materia penal);
g. Valentía frente al *qué dirán* y al apartamiento fundado de los precedentes judiciales;
h. Resolver conforme al conocimiento de los hechos.

Entonces, el principio de imparcialidad es una condición esencial que debe revestir a los juzgadores que tienen a su cargo el ejercicio de la función jurisdiccional, la cual consiste en:

- El deber que tienen de ser ajenos o extraños a los intereses de las partes en controversia y de dirigir y resolver el juicio sin favorecer indebidamente a ninguna de ellas.

---

88 Montero Aroca, Juan, Op. cit., p. 87.

89 Bacigalupo, Enrique. *El debido proceso penal*. Hammurabi, Buenos Aires, 2005, p. 93.

90 Alvarado Velloso, Adolfo, Op. cit., p. 263.

- El juzgador en su carácter de árbitro imparcial, no comparte los intereses de las partes contendientes y examina el litigio con imparcialidad, principio que debe entenderse en dos dimensiones:
    1. La subjetiva, que es la relativa a las condiciones personales del juzgador, misma que en buena medida se traduce en los impedimentos que pudieran existir en los negocios de que conozca, y
    2. La objetiva, que se refiere a las condiciones normativas respecto de las cuales debe resolver el juzgador, es decir, los presupuestos de ley que deben ser aplicados por el Juez al analizar un caso y resolverlo en un determinado sentido.

Al respecto La CorIDH ha señalado que en una sociedad democrática los derechos y libertades inherentes a la persona, sus garantías y el Estado de derecho, constituyen una tríada, cada uno de cuyos componentes se define, completa y adquiere sentido en función de los otros.[91]

A su vez, el artículo 8.1 de la CADH se refiere a las "garantías judiciales" y establece los lineamientos del llamado "debido proceso legal":

> *(...) Toda persona tiene derecho a ser oída con las debidas garantías y dentro de un plazo razonable, por un Juez o tribunal competente independiente e imparcial, establecido con anterioridad por la ley, en la substanciación de cualquier acusación penal formulada contra ella, o para la determinación de sus derechos y obligaciones de orden civil, laboral, fiscal o de cualquier otro carácter (...).*

Al analizar el principio de imparcialidad, la CorIDH ha considerado que éste implica que los integrantes del tribunal no tengan un interés directo, una posición tomada, una preferencia por alguna de las partes y que no se encuentren involucrados en la controversia.[92]

Además, el TEDH ha dicho al respecto que en primer lugar el tribunal debe carecer, de manera subjetiva, de prejuicio personal y, en segundo, también debe ser imparcial desde un punto de vista objetivo, es decir, debe ofrecer garantías suficientes para que no haya duda legítima al respecto. Bajo el análisis objetivo, se debe determinar si, aparte del comportamiento personal de los Jueces, hay hechos averiguables que podrán suscitar dudas respecto de su imparcialidad. En este sentido, hasta las

---

91 Opinión Consultiva 8/87, *El habeas corpus bajo suspensión de garantías* (artículos 27.2, 25.1 y 7.6 Convención Americana sobre Derechos Humanos), de 30 de enero de 1987, párrafo 26.

92 Caso Palamara Iribarne contra Chile. Fondo, reparaciones y costas. Sentencia de 20 de noviembre de 2009, párrafo 1469.

apariencias podrán tener cierta importancia. Lo que está en juego es la confianza que deben inspirar los tribunales a los ciudadanos en una sociedad democrática y, sobre todo, en las partes del caso.[93]

En tal sentido, el CNPCF establece, bajo el concepto de *competencia subjetiva,*[94] una serie de causales que forzosamente impiden a las autoridades jurisdiccionales conocer de un asunto (artículo 104).

Esas circunstancias son de aplicación estricta[95] y se representan en un sistema *in extenso,* puesto que no solamente abarcan a juezas, jueces, magistrados y magistradas, sino a cualquier persona servidora pública que labore en un órgano jurisdiccional.[96]

---

93 Pabla KY v. Finland, Judgment of 26 june, 2004, párrafo 27; y Morris v. the United Kingdom, Judgment of 26 february, 2002, párrafo 58.

94 *(...) La competencia subjetiva es la que se refiere a la persona física titular del órgano jurisdiccional. Todo órgano de autoridad debe tener necesariamente un titular, es decir, una persona física al frente del mismo, para poder desenvolver sus funciones públicas (...).* Gómez Fröde, Carina. *Teoría General del Proceso.* Porrúa, México, 2016, p. 122.

95 Es decir, obedecen a la causal expresamente contenida en la ley *(numerus clausus),* no a "otra que se le parezca"; esto se deduce de la porción normativa contenida en el artículo 105 (Excusa): *(...) La excusa debe expresar concretamente la causa en que se funde (...).* Así como de las diversas contenidas en los numerales 106 y 116, fracción II (Recusación); a saber, respectivamente*: (...) Cuando la autoridad jurisdiccional no se excusare a pesar de existir alguno de los impedimentos expresados, procede la recusación, que siempre se fundará en causa legal (...) (...) La autoridad jurisdiccional o el órgano disciplinario que conozca de la recusación la desechará de plano: (...) II. Cuando no se funde en alguna de las causas a que se refiere el presente Título (...).* Ello a diferencia, por ejemplo, de la fracción VIII del artículo 51 de la Ley de Amparo que permite otros eventos análogos a las causales expresas: *(...) Los ministros de la Suprema Corte de Justicia de la Nación, los magistrados de circuito, los jueces de distrito, así como las autoridades que conozcan de los juicios de amparo, deberán excusarse cuando ocurra cualquiera de las siguientes causas de impedimento: (...). VIII. Si se encuentran en una situación diversa a las especificadas que implicaran elementos objetivos de los que pudiera derivarse el riesgo de pérdida de imparcialidad (...).* O el numeral 55, fracción XIII, del Código de Procedimientos Familiares del Estado de Yucatán: *(...) Todo magistrado o juez está impedido para conocer de los asuntos siguientes: (...) XIII. En los demás casos análogos a los anteriores o de mayor gravedad, que en alguna forma puedan afectar su deber de imparcialidad (...).*

96 Así se entiende del artículo 123 del CNPCF, referente a la recusación, en los siguientes términos: *(...) La recusación promovida contra otras personas servidoras públicas de acuerdo al organigrama del Poder Judicial Federal o de la Entidad Federativa de que se trate, no suspenderá el procedimiento, y se proveerá de inmediato quien deba sustituirlo, en tanto se resuelva la recusación a fin de dar continuidad al juicio respectivo. La recusación de las personas servidoras públicas antes mencionadas se substanciará ante la autoridad jurisdiccional ante la que se encuentren adscritas respectivamente, resolviendo esta de plano (...).*

La autoridad tendrá la obligación de excusarse inmediatamente de que conozca el impedimento respectivo o dentro de los tres días siguientes a que sobrevenga; cuando ello no acontezca, las partes pueden utilizar la diversa figura de la recusación, con base en las mismas causales.

En tratándose de la recusación —que se tramitará en forma incidental— se admitirá cualquier medio de prueba, con excepción de la declaración de la autoridad recusada. Las recusaciones de Juezas y Jueces las resolverá el órgano de segunda instancia; las referentes a Magistradas y Magistrados, la misma Sala (o en casos especiales otra) y las atinentes a otras personas servidoras públicas el mismo órgano al que pertenecen.

Las causales son:

I. Cuando tengan interés directo o indirecto en el procedimiento;

II. En los procedimientos que sean del mismo interés para su cónyuge, concubina, concubinario, conviviente o para sus parientes consanguíneos en línea recta sin limitación de grados, a los colaterales dentro del cuarto grado, y a los afines dentro del segundo;

III. Siempre que, entre su cónyuge, concubina, concubinario, conviviente, ascendientes o sus descendientes, y alguno de las partes interesadas, haya relación de intimidad nacida de algún acto civil o religioso, sancionado y respetado por la costumbre, relación de amistad o económica, de subordinación o lealtad, sin importar su origen;

IV. Si fuere pariente por consanguinidad o afinidad de la persona representante autorizada, abogado o procurador de alguna de las partes, en los mismos grados a que se refiere la fracción II;

V. Cuando la autoridad jurisdiccional, su cónyuge, concubina, concubinario, conviviente o alguno de sus ascendientes o descendientes sea parte heredera, legataria, donante, donataria, socia, acreedora, deudora, fiadora, fiada, arrendadora, arrendataria, principal, dependiente o comensal habitual de alguna de las partes, o administradora actual de sus bienes;

VI. Si ha hecho promesas o amenazas, o ha manifestado de otro modo su odio o afecto por alguna de las partes;

VII. Si asiste o ha asistido a convites que especialmente se le ofrecieren o costeare alguna de las partes que litigan el asunto o sus personas representantes autorizadas, antes y después de comenzado el procedimiento, o si se tiene familiaridad con los mencionados, o cohabitan con ellas;

VIII. Cuando después de iniciado el procedimiento, la autoridad jurisdiccional, su cónyuge, concubina, concubinario, conviviente, ascendientes o descendientes, parientes colaterales en segundo grado y por afinidad en primer grado, haya recibido dadivas o servicios de alguna de las partes;

IX. Si ha sido abogado o procurador, ha fungido como apoyo o ha recibido apoyo para el ejercicio de la capacidad jurídica, perito o testigo en el procedimiento de que se trate o de cualquiera de las partes en éste, en cualquier otro procedimiento;

X. Si ha conocido del procedimiento como autoridad jurisdiccional, arbitro o asesor, resolviendo algún punto que afecte a la sustancia de la cuestión, en la misma instancia o en otra;

XI. Cuando la autoridad jurisdiccional, su cónyuge, concubina, concubinario, conviviente o alguno de sus parientes consanguíneos en línea recta, sin limitación de grados, de los colaterales dentro del segundo, o de los afines en el primero, siga contra alguna de las partes, o no ha pasado un año, de haber seguido un juicio civil, o una causa criminal, como parte acusadora, querellante o denunciante, o se haya constituido parte civil en causa criminal seguida contra cualquiera de ellas;

XII. Cuando alguna de las personas representantes autorizadas, sigan o hayan seguido un juicio civil, o una causa criminal, y no ha pasado un año o más, de haber causado ejecutoria, un procedimiento jurisdiccional, en contra de la autoridad jurisdiccional de que se trate, su cónyuge, concubina, concubinario, conviviente, ascendientes o descendientes, parientes colaterales en segundo grado y por afinidad en primer grado;

XIII. Cuando la persona servidora pública, su cónyuge, concubina, concubinario, conviviente, ascendientes o descendientes, parientes colaterales en segundo grado y por afinidad en primer grado, sea contrario a cualquiera de las partes en procedimiento administrativo que afecte a sus intereses.

XIV. Si la persona servidora pública, su cónyuge, concubina, concubinario, conviviente o alguno de sus expresados parientes sigue algún procedimiento civil o criminal en que sea autoridad jurisdiccional, agente del Ministerio Público Federal o Local, Procurador o Representante Social, árbitro o arbitrador, de alguno de los litigantes;

XV. Si es persona tutora, tutriz, curador o curadora de alguno de las partes interesadas, administra sus bienes, es gerente de alguna sociedad, asociación que tenga interés en la causa o no hayan pasado tres años de haberlo sido, y

XVI. Siempre que haya externado su opinión públicamente, adelantando el sentido de su fallo.

Las opiniones expresadas por la autoridad jurisdiccional al intentar conciliar entre las partes, y aquellas que se emitan con carácter doctrinario o académico, no constituyen motivo de impedimento.

El siguiente cuadro esquematiza lo inmediatamente expuesto:

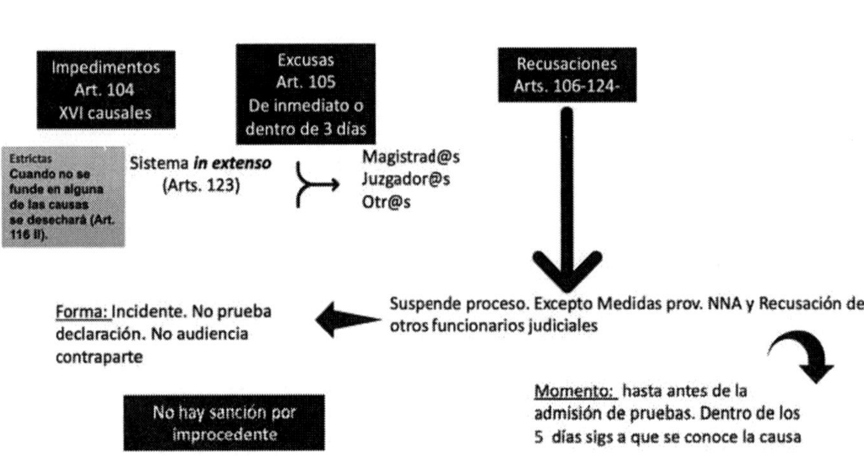

3.2. EL DERECHO DE ACCIÓN

En el concepto de acción procesal se ha reflejado históricamente la evolución de toda la ciencia jurídica. En los ordenamientos primitivos, la violación de los principios de la convivencia se solucionaba mediante la autodefensa del sujeto que había sufrido el daño. En el derecho romano se sustituye la autodefensa por la *pactio* o acuerdo entre el sujeto causante del daño y el sujeto que ha sufrido la lesión, para restablecer las cosas dañadas a su estado original.[97]

[97] Valencia Mirón, Antonio José. Op. cit., p. 305.

De aquí al proceso y a la acción sólo hay un paso, porque el proceso nace del contrato de *litiscontestatio*, por medio del cual los sujetos contractuales (demandante y demandado) se comprometen a sujetarse a un *iudex* (juez), realizando la actividad procesal necesaria para que éste pudiera conocer de la petición o demanda de uno de ellos, de la oposición-contestación del otro sujeto, y a continuación, dictar sentencia, quedando obligados a cumplir lo dispuesto por el *iudex*. La acción, que nace para que la autodefensa dejase de existir, es el derecho a perseguir en el proceso lo que se nos debe.[98]

En principio, la jurisdicción (y con ella, el proceso), únicamente puede darse si existe un impulso que la provoque: la acción. Existen diversas teorías que explican, de modo genérico, el concepto de acción; Gómez Lara,[99] enumera las siguientes:

+ *La teoría clásica* (monolítica), defendida por Celso, quien opinaba que la acción es el derecho de perseguir en juicio lo que a una persona se le adeuda.

+ *Las teorías modernas*, dentro de las cuales se sitúan:

- *La de la acción como tutela concreta.*– Entiende que la acción es un derecho público subjetivo, por el que se obtiene una tutela jurídica para alcanzar el dictado de una sentencia favorable.
- *La de la acción como derecho a la jurisdicción.*– Concibe a la acción como un acto provocatorio de la jurisdicción.
- *La de la acción como derecho potestativo.*– Estima que es una manifestación de la voluntad para que un órgano jurisdiccional intervenga en un conflicto.
- *La de la acción como derecho abstracto de obrar.*– Considera que es un derecho para provocar la función jurisdiccional con o sin fundamento y por ende, se tiene derecho a una sentencia, independientemente de que ella sea favorable o no a los intereses de quien haya iniciado el proceso.
- *La de la acción como instancia proyectiva.*– Se basa en una concepción dinámica del derecho y en el establecimiento de una secuencia de entre varias relaciones jurídicas eslabonadas en un orden lógico y cronológico; así, la acción es una instancia del particular o sujeto de derecho frente a la autoridad, por la que aquél informa, pide, solicita o de cualquier forma excita o activa las funciones de los órganos de autoridad, que se desdoblan a través de un orden lógico secuencial, que constituye el proceso.

---

98 Ibídem, pp. 305-306.

99 Gómez Lara, Cipriano, Op. cit., pp. 103-108.

Así, por acción puede entenderse:

> *(...) El derecho público, cívico, subjetivo, abstracto y autónomo, que tiene toda persona natural o jurídica, para obtener la aplicación de la jurisdicción del Estado a un caso concreto mediante una sentencia, a través de un proceso (...).*[100]

Por ende, entendida la acción como derecho público subjetivo que tiene por objeto reclamar la prestación de un servicio público jurisdiccional, sus elementos constitutivos serán:[101]

a) *Sujeto activo.* Es quien pide, quien exige de otro que haga o deje de hacer algo. En el caso de los procesos civiles, será sujeto activo aquel que se encuentra legitimado para ejercer la acción correspondiente.

b) *Sujeto pasivo.* Es aquel de quien se pide que haga o deje de hacer algo. En lo que nos interesa, será sujeto pasivo de la acción civil, a quien se atribuye un acto u omisión contrarios al derecho privado.

c) *La causa.* Alude a con qué derecho se pide. Se habla de *causa remota* y *causa próxima o petendi.* La *remota* es la situación jurídica concreta que se deriva de una norma o de un contrato: en el caso, de la vigencia de una norma civil o de un pacto contractual. La *próxima o petendi* será la infracción a aquella norma o convenio. Suele a su vez, subdividirse esta última en dos elementos: el *hecho* y el *razonamiento* con el que se explique la ilegalidad aducida.

En este último aspecto, la SCJN ha evolucionado, de un tribunal frío y calculante, a uno racional y prudente. Nota de ello, es la antigua concepción (en la Octava Época del Semanario Judicial de la Federación) de los requisitos que los conceptos de violación debían reunir.

Así, la entonces Tercera Sala, sostuvo jurisprudencia en el sentido de que el concepto de violación manifestado en un juicio de amparo debía ser formulado a manera de silogismo; en caso contrario, el órgano de control constitucional no podría analizarlo y por ende, sería tachado de inoperante.[102]

Tal concepción, fue superada años más tarde por la Segunda Sala del Máximo Tribunal de la Nación, al incorporar en la doctrina jurisprudencial, la teoría de la

---

100 Devis Echandía, Hernando, Op. cit., p. 189.

101 Serrano Robles, Arturo. *La acción, sus elementos. La acción constitucional.* En: Suprema Corte de Justicia de la Nación. Manual del Juicio de Amparo. México, Themis, 2000, pp. 17-18.

102 "CONCEPTOS DE VIOLACIÓN. REQUISITOS LÓGICOS Y JURÍDICOS QUE DEBEN REUNIR". Octava Época Instancia: Tercera Sala Fuente: Apéndice de 1995 Tomo: Tomo VI, Parte SCJN Tesis: 172 Página: 116.

"causa de pedir" como instrumento mínimo de análisis.[103] Y ha sido ratificada por el Tribunal Pleno, al extender ese método de análisis a los diversos procesos constitucionales.[104]

Ahora bien, el hecho de que el Pleno de la SCJN haya establecido en su jurisprudencia que para que procedan tales estudios, basta con que en ellos se exprese la causa de pedir, obedece a la necesidad de precisar que los planteamientos de hecho y de derecho no necesariamente deben realizarse a manera de silogismo jurídico, o bien, bajo cierta redacción sacramental, pero ello de manera alguna implica que los quejosos, recurrentes o accionantes se limiten a realizar meras afirmaciones sin sustento o fundamento, pues es obvio que a ellos corresponde (salvo en los supuestos legales de suplencia de la queja) exponer razonadamente el porqué estiman inconstitucionales o ilegales los actos que reclaman o recurren.

Lo anterior se corrobora con el criterio sustentado por el Alto Tribunal en el sentido de que resultan inoperantes aquellos argumentos que no atacan los fundamentos del acto o resolución que con ellos pretende combatirse.[105]

Reflejo de aquello es que, en el ámbito civil, la acción procede en juicio aun cuando no se exprese su nombre, con tal de que se determine con claridad cuál es la clase

---

103 "CONCEPTOS DE VIOLACIÓN. PARA QUE SE ESTUDIEN, BASTA CON EXPRESAR CLARAMENTE EN LA DEMANDA DE GARANTÍAS LA CAUSA DE PEDIR". Novena Época Instancia: Segunda Sala Fuente: Apéndice 2000 Tomo: Tomo VI, Común, Jurisprudencia SCJN Tesis: 109 Página: 86.

104 "ACCIÓN DE INCONSTITUCIONALIDAD. PARA QUE SE ESTUDIEN LOS CONCEPTOS DE INVALIDEZ, BASTA CON EXPRESAR CLARAMENTE LA CONTRAVENCIÓN DE LA NORMA QUE SE IMPUGNA CON CUALQUIER PRECEPTO DE LA CONSTITUCIÓN FEDERAL". Novena Época Instancia: Pleno Fuente: Apéndice 2001 Tomo: I, Jur. Acciones de Inconstitucionalidad y C.C. Tesis: 17 Página: 19; y "CONTROVERSIA CONSTITUCIONAL. PARA QUE SE ESTUDIE LA CONSTITUCIONALIDAD DE UNA NORMA O ACTO BASTA CON EXPRESAR CLARAMENTE EN LA DEMANDA LA CAUSA DE PEDIR". Novena Época Instancia: Pleno Fuente: Semanario Judicial de la Federación y su Gaceta Tomo: XXII, octubre de 2005 Tesis: P./J. 135/2005 Página: 2062.

105 "CONCEPTOS DE VIOLACIÓN O AGRAVIOS. AUN CUANDO PARA LA PROCEDENCIA DE SU ESTUDIO BASTA CON EXPRESAR LA CAUSA DE PEDIR, ELLO NO IMPLICA QUE LOS QUEJOSOS O RECURRENTES SE LIMITEN A REALIZAR MERAS AFIRMACIONES SIN FUNDAMENTO". Novena Época Instancia: Primera Sala Fuente: Apéndice 2002 Tomo: Tomo VI, Común, Jurisprudencia SCJN Tesis: 8 Página: 12.

de prestación que se exige del demandado y el título o causa de la acción.[106] Lo mismo acontece tratándose de las excepciones.[107]

d) *El objeto.* Es la prestación del servicio público jurisdiccional para lograr que el sujeto pasivo reintegre al sujeto activo lo que se reclama. En nuestra materia, por razón de su objeto, las acciones se clasifican en reales, personales y del estado civil de las personas.[108]

Así, con independencia de que las leyes que regulan los procesos civiles establecen los requisitos de los escritos petitorios, en cualquier demanda (que es la vía por la cual se ejerce una acción civil), por lo general deben contenerse las siguientes afirmaciones:

a. La preexistencia jurídica de una norma o cláusula contractual que prevea en abstracto un derecho.
b. Acaecimiento concreto de uno o más hechos lesivos del derecho. Esto es, la necesidad de tutela jurídica o interés en obtener la tutela jurisdiccional mediante el proceso.
c. El derecho afirmado en la demanda tiene como titular activo a quien la propone y aquel contra quien se propone es el sujeto pasivo del derecho, salvo que se trate de los casos de legitimación extraordinaria o de intereses colectivos o difusos.[109]

Las afirmaciones realizadas por el actor en su demanda integran o componen la *pretensión*, que no es un derecho, como sí lo es la acción.

Por esta razón se asevera que la acción civil es autónoma, pues se ejerce con independencia del resultado del proceso; es decir que su utilización no se encuentra condicionada a un resultado positivo de la gestión ante el órgano jurisdiccional, quien podrá desechar, sobreseer, negar o conceder la tutela instada.

---

106 Artículo 10 del CNPCF y 539 del CPCY.

107 Verbigracia, el artículo 544 del CPCY. Al respecto el CNPCF no contempla una norma al respecto, empero, impera la causa de pedir por la misma razón atinente a la falta o incorrecta denominación de la acción.

108 Artículo 11 del CNPCF.

109 Como es el caso del interdicto de obra nueva contemplado por el artículo 31 del CNPCF, que corresponde a vecinos del lugar cuando la obra nueva se construye en bienes de uso común o las acciones colectivas contenidas en el Libro Sexto (artículos 855-903) del propio ordenamiento.

3.2.1. LAS ACCIONES EN EL CNPCF

Retomando la clasificación brindada por el Código, serán *acciones reales* las que tengan por objeto (artículo 12 CNPCF):

a) La reclamación de un bien que pertenece a titulo de dominio;

b) La reclamación de gravámenes, de servidumbre o la declaración que un fundo está libre de ellas;

c) La reclamación de los derechos de usufructo, uso y habitación;

d) Las hipotecarias;

e) Las de prenda;

f) Las de herencia;

g) Las de posesión, y

h) Las demás acciones que tiendan a ejercitar un derecho contra una persona a titulo de propietaria o poseedora y no de obligada.

Encuadran en ese concepto, la acción reivindicatoria (artículo 15 CNPCF), la plenaria de posesión (artículo 20 CNPCF), la negatoria (artículo 21 CNPCF), la confesoria (artículo 22 CNPCF), la hipotecaria (artículo 23 CNPCF), la de petición de herencia (artículo 24 CNPCF), la *communi dividundo* (artículo 26 CNPCF), los interdictos de retener (artículo 27 CNPCF) y recuperar la posesión (artículo 28 CNPCF), los interdictos de obra nueva (artículo 31 CNPCF) y peligrosa (artículo 33 CNPCF), la terceria excluyente de dominio (artículos 38 y 492 CNPCF)), entre otras no contenidas en el Código adjetivo, sino en los Códigos Civiles, como la prescripción positiva (usucapión) —artículos 940 y 956 CCY—.

Por su parte, las *acciones personales* son aquellas que se deducen para exigir el cumplimiento de una obligación personal, ya sea de dar, de hacer o no hacer determinado acto (artículo 13 CNPCF).

Ejemplo de aquellas son la *quanti minoris* —enriquecimiento ilícito— (artículo 43 CNPCF) y la *pro forma* (artículo 44 CNPCF).

En ese sentido, por oposición a las acciones reales, que persiguen un bien determinado —generalmente inmueble—, las acciones personales tienen por objeto el cumplimiento de una obligación. Los Códigos Civiles crean y reglamentan las fuentes de las obligaciones, siendo una de las más importantes el contrato,[110] por lo que habrá de estarse a las disposiciones sustantivas respectivas.

Entonces, las acciones personales corresponden a las obligaciones derivadas de cualesquiera de sus fuentes, adoptando tres facetas: dar, hacer o no hacer, mismos fines de las denominadas *obligaciones personales.*

Una *obligación de dar* puede consistir en la traslación de dominio de cosa cierta, la enajenación temporal del uso o goce de cosa cierta o la restitución de cosa ajena o el pago de cosa debida (Art. 1198 CCY).

Una *obligación de hacer* consiste en prestar o realizar un hecho en la calidad y cantidad, so pena de mandar a deshacer lo mal hecho y pedir que la obra se ejecute por quien pueda hacerlo correctamente o el pago de daños y perjuicios, cundo ello no fuese posible (Art. 1205 CCY).

Una *obligación de no hacer,* implica la omisión de un hecho y, en caso de que este hecho constituya una obra material, se podrá exigir la destrucción de esa obra a costa del obligado (Art. 1206 CCY).

Finalmente, las *acciones del estado civil de las personas,* atañen a la heterogénea variedad de las cuestiones relativas a los estados civil y de familia, por ejemplo:

a) La rectificación y nulidad de actas del Registro Civil;

b) El divorcio;

c) La nulidad de matrimonio;

d) Las relativas a la filiación;

e) Reclamo de alimentos;

f) Las atinentes a la violencia familiar;

g) El régimen de convivencia y visitas;

h) La autorización a NNA para salir del país;

i) La suspensión o pérdida de la patria potestad y de derechos de familia;

j) La definición de la guarda y custodia;

k) La enajenación de bienes de NNA;

l) La restitución de NNA a su lugar de residencia habitual; entre otras.

---

110 Mar, Nereo, op. cit., p. 40.

Identificar la especie de acción intentada es crucial para la fijación de la competencia objetiva, que será por materia, grado o territorio; siendo prorrogable la competencia por razón del territorio y materia, salvo que correspondan al fuero federal.

En efecto, dispone el artículo 83 del CNPCF que la competencia por razón de materia, únicamente es prorrogable en las materias civil y familiar, y en aquellos casos en que las prestaciones tengan intima conexión entre sí, o por los nexos entre las personas que litiguen, sea por razón de parentesco, negocios, sociedad o similares, o deriven de la misma causa de pedir, sin que para que opere la prórroga de competencia en las materias señaladas, sea necesario convenio entre las partes, ni dará lugar a excepción sobre el particular.

En consecuencia, ninguna autoridad jurisdiccional podrá abstenerse de conocer de asuntos, argumentando falta de competencia por materia cuando se presente alguno de los casos señalados, que daría lugar a la división de la continencia de la causa o a multiplicidad de litigios con posibles resoluciones contradictorias.

En materia familiar es muy frecuente la exigencia de cuestiones patrimoniales adheridas a acciones *per se* familiares.

Por ejemplo, en el divorcio incausado en ocasiones permea el tema relativo a la disolución de la copropiedad de algún bien inmueble erigida a favor de los consortes, siendo que ambas acciones son diferentes y pertenecen a ámbitos competenciales distintos, la primera al familiar y la segunda, al civil; otro "cruce" de acciones y materias pudiese darse en un juicio de alimentos en donde sea menester una medida de aseguramiento y se ejerza ahí mismo una acción pauliana (en fraude de acreedores por insolvencia del deudor) o, a la inversa, que en materia civil, se ejerza la acción de nulidad de un juicio sucesorio concluido y una diversa de petición de herencia; otro caso así sería el ejercicio de la acción de usucapión contra una sucesión y la designación de un interventor que la represente en el juicio civil.

Por tanto, el numeral en cita permitiría que un solo órgano jurisdiccional —con independencia de la materia— resuelva ambas cuestiones.

Ello sería una expresión del párrafo tercero del artículo 17 de la CPEUM que privilegia la solución del conflicto sobre los formalismos procedimentales.

De ese modo, los criterios para fijar la competencia se descuellan en los artículos del 89 al 93 del CNPCF.

Los criterios rectores se constituyen por la especie de acción y el domicilio de los interesados.

Así se evidencia en como los siguientes cuadros:

Fijación de la Competencia Objetiva

Cuadro 3

La del lugar que la persona deudora haya designado para ser requerida judicialmente de pago;

La del lugar convenido en el contrato o convenio para el cumplimiento de la obligación

La de la ubicación del bien, si se ejercita una acción real sobre éste. Lo mismo se observará respecto a las cuestiones derivadas del contrato de arrendamiento de inmuebles. Cuando estuvieren comprendidos en dos o más jurisdicciones, será competente aquel en que se encuentre la mayor parte de ellos;

La del domicilio de la parte demandada, si se trata del ejercicio de una acción sobre bienes muebles, de acciones personales, colectivas o del estado civil. Cuando sean varias las personas demandadas y tuvieren diversos domicilios, será competente la autoridad jurisdiccional que se encuentre en turno del domicilio que elija la parte actora;

En los juicios sucesorios, la autoridad jurisdiccional en cuya jurisdicción haya tenido su último domicilio el autor de la sucesión. A falta de ese domicilio, lo será el de la ubicación de los bienes inmuebles que forman la herencia y si estuvieren en varias jurisdicciones, el de aquel en que se encuentre el mayor número; y a falta de domicilio y bienes inmuebles, *el del lugar del fallecimi*ento de la persona autora de la herencia, sin que pueda alterarse el orden anterior. Lo mismo se observará en casos de declaración de ausencia por desaparición o presunción de muerte. En los supuestos de la presente fracción no procede sometimiento expreso o tácito alguno

Fijación de la Competencia Objetiva

Cuadro 4

Aquella en cuyo territorio radica un juicio sucesorio para conocer:
a) De las acciones de petición de herencia.
b) De la nulidad de testamento.
c) Las relativas a la partición hereditaria.
d) De todas las acciones legales contra la sucesión antes de la partición y adjudicación de los bienes.
e) De las acciones de nulidad, rescisión y evicción de la partición hereditaria.
f) De la declaración especial de ausencia por desaparición, así como la declaración de ausencia y presunción de muerte, en los términos de la legislación aplicable.

El del lugar que la persona deudora haya designado para ser requerida judicialmente de pago, o el domicilio de ésta en caso de concursos;

En los actos de jurisdicción voluntaria, el del domicilio de las partes que promueven, pero si se tratare de bienes inmuebles, lo será el del lugar donde estén ubicados. En caso de conflicto de competencias se decidirá a favor del que haya prevenido en el conocimiento;

El del domicilio de NNA, tratándose de asuntos en materia familiar;

En los procedimientos relativos a suplir el consentimiento de quien ejerce la patria potestad, o impedimentos para contraer matrimonio, el del lugar donde se hayan presentado las partes pretendientes;

Para decidir las controversias del estado civil de las personas, el del domicilio conyugal, o aquel en el que habiten los concubinos o convivientes;

Fijación de la Competencia Objetiva

Cuadro 5

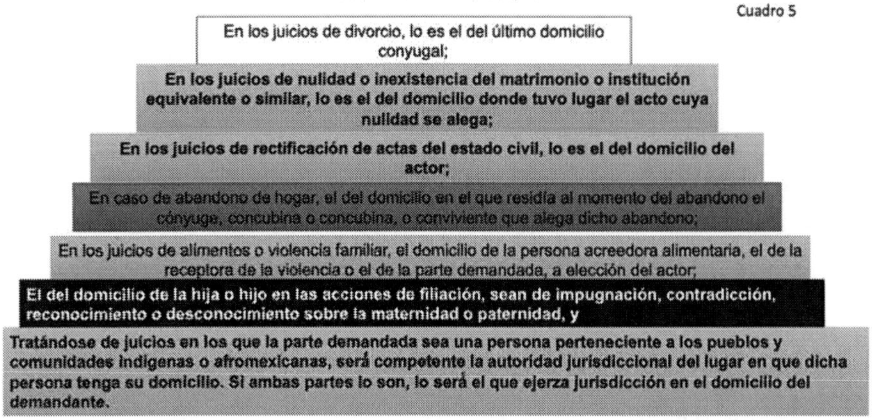

En los juicios de divorcio, lo es el del último domicilio conyugal;

En los juicios de nulidad o inexistencia del matrimonio o institución equivalente o similar, lo es el del domicilio donde tuvo lugar el acto cuya nulidad se alega;

En los juicios de rectificación de actas del estado civil, lo es el del domicilio del actor;

En caso de abandono de hogar, el del domicilio en el que residía al momento del abandono el cónyuge, concubina o concubino, o conviviente que alega dicho abandono;

En los juicios de alimentos o violencia familiar, el domicilio de la persona acreedora alimentaria, el de la receptora de la violencia o el de la parte demandada, a elección del actor;

El del domicilio de la hija o hijo en las acciones de filiación, sean de impugnación, contradicción, reconocimiento o desconocimiento sobre la maternidad o paternidad, y

Tratándose de juicios en los que la parte demandada sea una persona perteneciente a los pueblos y comunidades indígenas o afromexicanas, será competente la autoridad jurisdiccional del lugar en que dicha persona tenga su domicilio. Si ambas partes lo son, lo será el que ejerza jurisdicción en el domicilio del demandante.

Fijación de la Competencia Objetiva

Cuadro 6

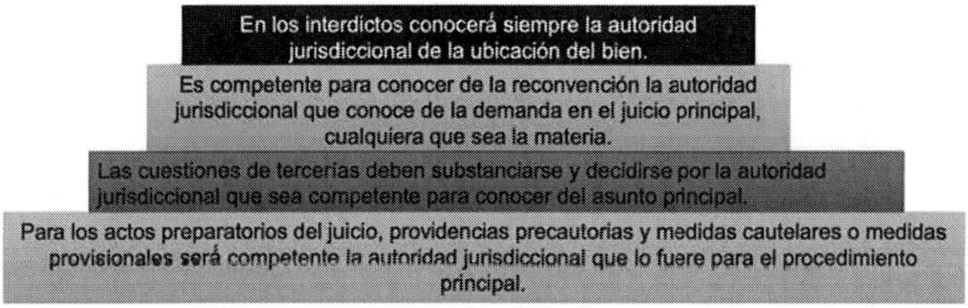

En los interdictos conocerá siempre la autoridad jurisdiccional de la ubicación del bien.

Es competente para conocer de la reconvención la autoridad jurisdiccional que conoce de la demanda en el juicio principal, cualquiera que sea la materia.

Las cuestiones de tercerías deben substanciarse y decidirse por la autoridad jurisdiccional que sea competente para conocer del asunto principal.

Para los actos preparatorios del juicio, providencias precautorias y medidas cautelares o medidas provisionales será competente la autoridad jurisdiccional que lo fuere para el procedimiento principal.

3.2.2. LAS EXCEPCIONES EN EL CNPCF

El CNPCF divide las excepciones en procesales y perentorias.[111] Las excepciones procesales son las oposiciones de la parte demandada para impugnar o contradecir el procedimiento, sin atacar el derecho sustantivo en litigio, las cuales se deben resolver antes del dictado de la sentencia definitiva. Las perentorias se deciden con el fallo final y se dirigen a destruir la acción.

111 No obstante que el CNPCF omite utilizar el concepto "perentorias", así es como se les conoce doctrinalmente a las excepciones que se resuelven en sentencia definitiva. En ese tenor, el artículo 76 refiere: *(...) las demás defensas y excepciones que se opongan se resolverán en la sentencia definitiva (...).*

En ese contexto, el artículo 63 del CNPCF designa como excepciones procesales a las siguientes:

I. La falta de cumplimiento del plazo o condición a que esté sujeta la obligación;

II. La improcedencia de la vía;

III. La incompetencia de la autoridad jurisdiccional;

IV. La litispendencia;

V. La conexidad de la causa;

VI. La falta personalidad del actor o del demandado o la falta de capacidad del actor;

VII. La cosa juzgada;

VIII. La remisión al arbitraje, y

IX. Las demás a las que les den ese carácter las leyes.[112]

Las excepciones se harán valer al contestar la demanda, la reconvención o la solicitud de medidas cautelares y no suspenderán el procedimiento; en caso de la incompetencia, que podrá plantearse por declinatoria o inhibitoria (artículo 94 CNPCF) si bien no suspende el trámite, deberá resolverse antes de dictarse sentencia definitiva, reservándose el dictado de ésta (artículo 98 CNPCF).

De todas las excepciones se dará vista a la contraria por el término de tres días para que manifieste lo que a su derecho convenga, y se resolverán mediante sentencia interlocutoria en procedimientos escritos y de manera oral dentro de la audiencia preliminar en el juicio oral.

Se advierte en este tema la vigencia del principio de *limitación probatoria*, puesto que solamente se admitirán pruebas documentales en el trámite de las siguientes excepciones;

---

112 Como sería el caso del orden y la excusión, que atañe a los fiadores. El beneficio del orden es la imposibilidad legal de que el fiador sea demandado eficazmente por el acreedor sin que antes se demande al deudor principal (artículo 1955 CCY) y el de excusión consisten en que el fiador no puede ser compelido al pago de la obligación por el afianzado sin que previamente se aseguren o embarguen todos los bienes del deudor para aplicarlos al pago total o parcial de la deuda, es decir, aplicar todo el valor libre de los bienes del deudor al pago de la obligación, que quedará extinguida o reducida a la parte que no sea cubierta (artículo 1956 CCY).

a) Falta de personalidad, conexidad o litispendencia (artículo 63 *in fine* CNPCF);

b) Cosa juzgada (artículo 75 CNPCF) e

c) Incompetencia (artículo 95 CNPCF).

Asimismo, se denota la presencia del diverso principio de *limitación de recursos*, por cuanto a que contra la resolución de excepciones procesales en juicio oral no procede recurso alguno (salvo en la de cosa juzgada[113]).

El siguiente cuadro expresa las características básicas de las excepciones procesales:

Excepciones procesales

Cuadro 7

Las excepciones procesales son las oposiciones de la parte demandada para impugnar o contradecir el procedimiento, sin atacar el derecho sustantivo en litigio, las cuales se deben resolver antes del dictado de la sentencia definitiva.	
Se harán valer al contestar la demanda o la reconvención o en la solicitud de medidas cautelares **NO suspenderán el procedimiento**. De todas las excepciones se dará vista a la contraria, por el término de 3 días para que manifieste lo que a su derecho convenga.	**I.** La falta de cumplimiento del plazo a que esté sujeta la obligación; **II.** La improcedencia de la vía; **III.** La incompetencia; **IV.** La litispendencia; **V.** La conexidad de la causa; **VI.** La falta de personalidad del actor; **VII.** La cosa juzgada, **VIII. La reemisión al arbitraje** y **VIII.** Las demás a las que les den ese carácter las Leyes.
Se resolverán: a) En sentencia interlocutoria (procedimientos escritos) o b) De manera oral dentro **de la audiencia preliminar** en juicio oral dejando constancia de ello en el acta mínima que se levante con motivo de ésta, salvo la de cosa juzgada	En las excepciones de falta de personalidad, conexidad o litispendencia, **sólo se admitirá la prueba documental (en Copia certificada, antes de la audiencia preliminar)** Salvo disposición expresa que señale alguna otra excepción como procesal, **las demás** defensas y excepciones que se opongan serán consideradas **como perentorias y se resolverán en la sentencia definitiva.**

Aquí la tramitación de la excepción de incompetencia por declinatoria e inhibitoria, respectivamente:

---

113 Artículo 75 párrafo segundo (CNPCF): (...) *será apelable en ambos efectos si se declara procedente, y en el efecto devolutivo de tramitación conjunta con la sentencia definitiva si se declara improcedente (...).*

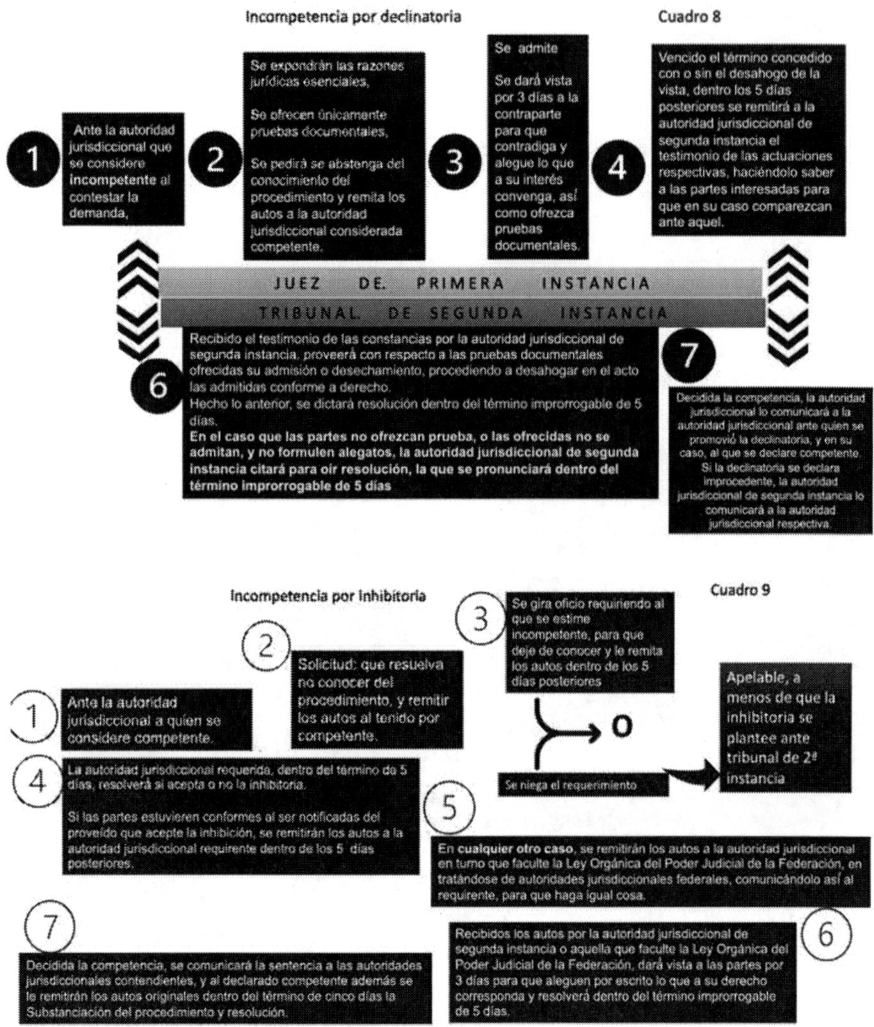

Como acotación final en lo relativo a la excepción procesal de incompetencia, se destaca la disposición contenida en el artículo 103 del CNPCF, referente a que en el caso de que se declare infundada o improcedente, se aplicará una corrección disciplinaria por los montos que establece el diverso articulo 192 fracción III del propio Código.[114]

[114] *(...) III. La multa que no podrá ser inferior a cien ni exceder de trescientas veces el valor diario de la Unidad de Medida y Actualización (...).* A la fecha en que se redactan estas líneas (junio de 2023),

Artículos similares al 103 recién citado, contenidos en códigos procesales civiles estatales han sido desaplicados o declarados inconstitucionales por la autoridad judicial, por estimarse que inhiben el derecho humano de acceso a la tutela jurisdiccional o acceso a la justicia.[115]

3.2.3. LA LEGITIMACIÓN PROCESAL

El derecho a iniciar un proceso depende de la legitimación. Este es un criterio jurídico que nada se relaciona con el derecho de petición a las autoridades; es decir, existe un desmembramiento absoluto entre el "acto de pedir" (y, por tanto, debe ponerse fuera del problema de la legitimación para obrar) y el "derecho de pedir", porque este último refleja el verdadero problema a resolver.

La legitimación, entonces, se refiere a la capacidad para obrar dentro de un proceso. De allí que ocupa al actor, al demandado y aun a ciertos terceros.

En principio, toda persona que conforme a la ley esté en el pleno ejercicio de sus derechos, puede promover cualesquiera procedimientos civiles.

No obstante, en la tradición se confunde ser dueño del derecho con la posibilidad de reclamar cuando se sufre una afectación. Pero una afirmación como esta sería igual que presentar un obstáculo para el acceso a la justicia. Al mismo tiempo, dar permiso a toda persona para que tenga posibilidad de reclamar por derechos que no tiene, sería riesgoso e improcedente, porque el derecho a estar en juicio comprende una sumatoria de requisitos, donde la legitimación es parte de ellas.

---

la UMA asciende a $103.74; entonces la multa redunda entre 100 UMAS= $10,374.00 y 300 UMAS= $31,122.00,

115 Véase: ACCESO A LA TUTELA JURISDICCIONAL. EL ARTÍCULO 242 DEL CÓDIGO DE PROCEDIMIENTOS CIVILES PARA EL ESTADO DE SONORA VIOLA DICHO DERECHO FUNDAMENTAL, AL PREVER UNA MULTA CUANDO NO PROCEDA LA DECLINATORIA DE JURISDICCIÓN. Registro digital: 2026485 Instancia: Tribunales Colegiados de Circuito Undécima Época Materia(s): Constitucional Tesis: V.3o.C.T.8 C (11a.) Fuente: Semanario Judicial de la Federación. Tipo: Aislada. Y el precedente obligatorio pronunciado por la Sala Colegiada Civil y Familiar del Tribunal Superior de Justicia del Estado de Yucatán PO.SCF.57.016.Civil INCOMPETENCIA POR DECLINATORIA DECLARADA IMPROCEDENTE. DESAPLICACIÓN DEL ARTÍCULO 555 DEL CÓDIGO DE PROCEDIMIENTOS CIVILES DE YUCATÁN, EN RELACIÓN CON LA MULTA IMPUESTA AL EXCEPCIONISTA, POR VULNERAR EL ACCESO A LA JUSTICIA. https://www.poderjudicialyucatan.gob.mx/digestum/marcoLegal/07/2016/DIGESTUM07187.pdf

En ese sentido, el artículo 128 del CNPCF reconoce legitimación a:

I. Las personas físicas por sí mismas o por conducto de sus personas representantes autorizadas, así como las personas que designen para su apoyo, en su caso;

II. Las personas jurídicas públicas o privadas por medio de quienes las representen, sea por disposición de la ley o reglamento, o bien, conforme a sus escrituras constitutivas, estatutos, poderes o mandatos;

III. Las agrupaciones o entes que no constituyan personas jurídicas reconocidas por la Ley, por medio de quienes en su nombre hayan actuado;

IV. Las instituciones y dependencias de la administración pública, por medio de sus órganos autorizados conforme a la normatividad que las regule;

V. Cualquiera que integre un grupo afectado, que busque una adecuada defensa para el interés general; y las instituciones, asociaciones o agrupaciones privadas, especializadas en la defensa de los intereses sociales o colectivos cuando se trata de la tutela de intereses difusos y de grupos indeterminados, siempre que no sean políticas o gremiales reguladas;

VI. En el caso de las personas de los pueblos y comunidades indígenas y afromexicanas, sus propias autoridades o las personas que designen con base en sus usos y costumbres, y

VII. El Ministerio Público Local o Federal.

Asimismo, el artículo 129 del CNPCF apertura la puerta de entrada a las terceras personas, quienes podrán comparecer ostentando un interés propio y distinto de la parte actora o demandada, y la sentencia les pueda afectar.

En tratándose de NNA, el numeral 130 del CNPCF establece que serán representados por:

I. Quien ejerza la tutela;

II. Las personas designadas legalmente por quien ejerza la patria potestad o la tutela, y

III. La Procuraduría de Protección de NNA o institución con facultades de representación coadyuvante o en suplencia, de conformidad con la LGDNNA.

No obstante, los NNA podrán comparecer a juicio por sí o por cualquier persona en su nombre, sin la intervención de su legitimo representante cuando éste se halle ausente o desaparecido, se ignore quién sea, esté impedido, se negare a promover la acción o hubiese un conflicto de interés con su representado.[116]

Cada uno de estos requerimientos va apareciendo ordenadamente. Primero, quien pide ha de tener capacidad; es decir, contar con aptitud para ser titular de derechos y obligaciones; esa capacidad civil no es igual a la capacidad procesal, que requiere mayoría de edad y tener legitimación *ad causam*. Esta legitimación en el proceso supone relacionar el derecho del que pide con la posibilidad jurídica de lograr ante la jurisdicción una tutela suficiente.

Finalmente, esa legitimación en derecho debe vincularse con la legitimación *ad processum*, con la cual conseguirá la calidad de parte y entrar así en el proceso judicial.

Luego, la titularidad de un derecho en la legitimación activa o de una obligación para la legitimación pasiva, corresponde a la situación específica que guarda una persona en determinada relación jurídica, o que tenga su origen en un hecho. Esto es un elemento necesario para poder ejercer una acción y responder de ella; para la acción la legitimación en la causa se trata de una condición necesaria para obtener sentencia favorable. Existe un vínculo necesario entre interés y la legitimación activa en la causa, porque es una condición necesaria para obtener sentencia favorable y, generalmente, por su naturaleza, es un elemento que se analiza al dictarse la sentencia de fondo, que se ocupa precisamente de decidir sobre la procedencia de la acción en relación con las excepciones y defensas.

La legitimación procesal pasiva se presenta cuando a través del ejercicio de la acción, se vincula a una persona como demandado, a quien se le exige que cumpla con una determinada obligación y aquélla nace del solo ejercicio de la acción, que vincula al demandado con las prestaciones que se le demandan, mientras que la legitimación en la causa implica la demostración plena de que determinada persona es la titular de una obligación, o sea, la que debe responder frente al derecho exigido.

En el proceso pueden intervenir otras personas como sería un tercero, pues éste podría tener interés en el resultado de la sentencia. Existe legitimación de los terceros que justifiquen su intervención, cuando éstos tienen que hacer valer intereses jurídicamente tutelados en un proceso dado, o cuando por existir una relación ma-

116 En este caso, la autoridad jurisdiccional, nombrará un representante independiente para que intervenga en el juicio, debiendo preferir a un familiar cercano, salvo cuando haya conflicto de intereses o motivo que justifique la designación de persona diversa, sin perjuicio de dictar las providencias y medidas de protección especiales o urgentes, conforme a la Ley de la materia y, los tratados internacionales que resulten aplicables.

terial o disposición legal, pueden ser llamados de oficio o a petición de alguna de las partes. El tercero en un principio no es parte formal y material en el juicio de que se trate, pues no está identificado expresamente en la demanda con la calidad de demandado o sujeto pasivo de la pretensión del actor; pero cuando es emplazado al juicio deja de ser un tercero y puede llegar a asimilarse a la situación de una de las dos partes que iniciaron con la presentación de la demanda.

En esos grados entre el interés simple, el legítimo y el jurídico se puede dar la posibilidad de intervención en un juicio, para que sean objeto de la decisión en la sentencia, o que por esa vinculación con la relación sustancial, el interés de los terceros puede ser molestado o perturbado de alguna manera, con la decisión jurisdiccional del litigio, que le puede beneficiar o perjudicar. Por ese grado de interés una o ambas partes, o la ley, consideran conveniente o necesario llamar al tercero o acudir al proceso en curso, para fijar su posición y actuar en defensa de su propio interés, para tratar de asegurar el beneficio al que creen tener derecho, o evitar el perjuicio posible o previsible, y en casos de legitimación en la causa respecto de una obligación sustancial materia de la controversia obtener una sentencia estimatoria de absolución o condena.

De conformidad con la jurisprudencia 2a./J. 75/97, de la Segunda Sala de la SCJN,[117] por legitimación procesal activa se entiende la potestad legal para acudir al órgano jurisdiccional con la petición de que se inicie la tramitación del juicio o de una instancia.

A esta legitimación se le conoce con el nombre de *ad procesum* y se produce cuando el derecho que se cuestionará en el juicio es ejercitado en el proceso por quien tiene aptitud para hacerlo valer, a diferencia de la legitimación *ad causam* que implica tener la titularidad de ese derecho cuestionado en el juicio.

La legitimación en el proceso se produce cuando la acción es ejercitada en el juicio por aquel que tiene aptitud para hacer valer el derecho que se cuestionará, bien porque se ostente como titular de ese derecho o bien porque cuente con la representación legal de dicho titular.

---

[117] LEGITIMACIÓN PROCESAL ACTIVA. CONCEPTO. Registro digital: 196956 Instancia: Segunda Sala Novena Época Materia(s): Común Tesis: 2a./J. 75/97 Fuente: Semanario Judicial de la Federación y su Gaceta. Tomo VII, enero de 1998, página 351 Tipo: Jurisprudencia.

La legitimación *ad procesum* es requisito para la procedencia del juicio,[118] mientras que la *ad causam*, lo es para que se pronuncie sentencia favorable, o sea, la legitimación en la causa implica la demostración plena de que determinada persona es la titular de un derecho.

A continuación el siguiente esquema presenta las diferencias entre ambas especies de legitimación:

Legitimación **Cuadro 10**

Ad procesum	Ad causam
Es un presupuesto del procedimiento	Es condición para obtener sentencia favorable
Se refiere o a la capacidad para comparecer al juicio	Consiste en la identidad del actor con la persona a cuyo favor está la ley
Requiere que el compareciente esté en pleno ejercicio de sus derechos civiles, o a la representación de quien comparece a nombre de otro	Atañe al fondo de la cuestión litigiosa
Puede examinarse en cualquier momento del juicio	Sólo puede analizarse en el momento en que se pronuncie la sentencia definitiva

118 Es decir, constituye un presupuesto procesal. Los presupuestos procesales son los requisitos sin los cuales no puede iniciarse ni tramitarse con eficacia jurídica un proceso. Por ello, se trata de cuestiones de orden público que deben ser analizadas incluso de oficio por el juzgador, antes de efectuar el estudio del fondo del asunto. Los presupuestos procesales deben distinguirse de las condiciones de la acción, ya que éstas son necesarias para que el actor obtenga una sentencia favorable. Entre los presupuestos procesales se encuentran la competencia, la procedencia de la vía, la personalidad y el litisconsorcio pasivo necesario.

Capítulo 4
PRUEBAS

4.1. PERSPECTIVA CONSTITUCIONAL DEL DERECHO PROBATORIO

La garantía de audiencia, consagrada en el artículo 14 de la CPEUM, tiene como parte medular el respeto de las formalidades esenciales del procedimiento, las que han sido definidas por la SCJN como aquellas etapas o trámites que garantizan al gobernado una adecuada defensa antes del acto de privación y que se traducen, entre otros supuestos, en la oportunidad de ofrecer y desahogar las pruebas en que se finque la defensa de sus intereses.[119]

Ahora bien, la citada formalidad esencial en materia probatoria, implica el establecimiento de una serie de reglas que permiten a las partes probar los hechos constitutivos de su acción o de sus excepciones o defensas, dentro de un justo equilibrio que, por un lado, no dejen en estado de indefensión a las partes y, por el otro, aseguren una resolución pronta y expedita de la controversia.

En ese contexto, dispone el artículo 261 del CNPCF que las partes, para soportar su acción, excepciones y defensas, así como acreditar los hechos, podrán ofrecer medios de prueba que no sean contrarios a derecho, y les serán admitidos por la autoridad jurisdiccional, los que resulten pertinentes e idóneos y guarden relación con los hechos narrados y cumplan con los requisitos de ofrecimiento previstos en el propio ordenamiento.

---

119 Tal y como se establece en la tesis pronunciada por el Pleno de dicho Máximo Órgano Judicial, en la Novena Época, visible en el Semanario Judicial de la Federación y su Gaceta, Tomo II, diciembre de 1995, Página: 133, Tesis: P./J. 47/95, que es del siguiente tenor: "FORMALIDADES ESENCIALES DEL PROCEDIMIENTO. SON LAS QUE GARANTIZAN UNA ADECUADA Y OPORTUNA DEFENSA PREVIA AL ACTO PRIVATIVO".

Además, el reconocimiento de la garantía de defensa, en materia de prueba, se traduce en el otorgamiento de una serie de facultades a favor de los litigantes, entre las que destacan:

a) Que se abra un término probatorio suficiente;

b) Que propongan medios de prueba;

c) Que los medios de prueba debidamente propuestos sean admitidos;

d) Que la prueba admitida sea practicada; y

e) Que la prueba practicada sea valorada.

A continuación se desarrollará cada uno de tales elementos componentes.

4.2. UN TÉRMINO PROBATORIO SUFICIENTE

La regla general, contenida en el artículo 277 del CNPCF, consiste en que la autoridad jurisdiccional, en la audiencia preliminar al admitir las pruebas ofrecidas, procederá a señalar fecha y hora para audiencia de juicio en la que se recibirán oralmente; para dichos efectos tomará en consideración el tiempo para su preparación.

Se señalará fecha para la audiencia de juicio dentro de los siguientes 40 días (contados desde la fecha de la audiencia preliminar).

Sin embargo, acorde al numeral 280 del mismo CNPCF, cuando hubiere de practicarse alguna diligencia o aportarse pruebas fuera del lugar del juicio, de acuerdo con la naturaleza de la prueba, podrá ordenarse su recepción a distancia.

Con este fin, la autoridad jurisdiccional exhortante podrá coordinarse con la exhortada, de acuerdo a los sistemas de justicia digital con que cuenten, para celebrar la audiencia respectiva de forma virtual, tramitar y devolver el exhorto o documentos en formato electrónico a través de correo electrónico o de las plataformas tecnológicas correspondientes, tomando las medidas necesarias para garantizar la integridad y autenticidad de actuaciones judiciales, y, en su caso, el convenio de colaboración que entre los Poderes Judiciales exista.

En caso de que no se cuente con los recursos tecnológicos necesarios o que por la naturaleza de la prueba no lo permita, la prueba se preparará y se desahogará mediante el exhorto respectivo tramitado en forma escrita, a cargo de la parte interesada.

En esos supuestos, a petición de parte interesada, se concederán los siguientes términos para la tramitación y diligenciación del exhorto respectivo (artículo 281 CNPCF):

I. Un mes si el lugar está comprendido dentro del territorio nacional;

II. Dos meses si lo está en los Estados Unidos de América o Canadá;

III. Tres meses si está comprendido en Centroamérica y el Caribe;

IV. Seis meses si estuviere en Europa o en la América del Sur, y

V. Siete meses cuando esté situado en cualquiera otra parte.

4.3. PROPOSICIÓN DE MEDIOS DE PRUEBA

Las pruebas deberán ofrecerse en los escritos de demanda, contestación a la demanda, en la reconvención, y en el escrito de contestación a la reconvención, así como de las excepciones.

En el caso de incidentes, se hará en el escrito que lo promueva y su contestación, si se realiza por escrito o, en el mismo acto, si se realiza oralmente en la audiencia respectiva.

Asimismo, deberán ofrecerse expresando con toda claridad el hecho o hechos que se pretende probar, declarando, en su caso, en los términos anteriores el nombre y domicilio de testigos y peritos, y pidiendo la citación de la contraparte para responder al interrogatorio respectivo.

Si a juicio de la autoridad jurisdiccional las pruebas ofrecidas no cumplen con las condiciones apuntadas, serán desechadas. Con la taxativa de que no será necesario proporcionar el domicilio de testigos, cuando las partes por sí mismas se comprometan a presentarlos.

El CNPCF reconoce como medios de prueba:

a) Declaración voluntaria de parte propia;

b) Declaración de parte contraria;

c) Declaración de testigos;

d) Pericial;

e) Documental física/electrónica;

f) Inspección o reconocimiento judicial;

g) Otros; y

h) Presunciones.

Estos medios probatorios, por lo general deberán ofrecerse en los escritos de demanda, contestación a la demanda, en la reconvención, y en el escrito de contestación a la reconvención, así como de las excepciones. En el caso de incidentes, se hará en el escrito que lo promueva y su contestación, si se realiza por escrito o, en el mismo acto, si se realiza oralmente en la audiencia respectiva.

Asimismo, al ofrecerse, se expresará con toda claridad cuál es el hecho o hechos que se pretende probar, expresando el nombre y domicilio de testigos y peritos.

En tratándose de la pericial, se ofrece indicando los puntos y cuestionamientos sobre los que versará y que deban resolver los expertos. En caso de la declaración de la contraparte, se solicitará que se le cite para responder al interrogatorio respectivo.

En lo referente al reconocimiento o inspección judicial, deberán señalarse además los puntos sobre los que debe versar y puede verificarse respecto de lugares, cosas, muebles e inmuebles, información publicada y de libre acceso en internet o personas, y que no requieran de conocimientos técnicos especializados, debiendo indicar con toda precisión, la materia u objeto de la prueba y su relación con algún punto del debate.

A continuación, un cuadro general de los medios de prueba:

Pruebas Cuadro 11

Medio de prueba	Objeto	Ofrecimiento/preparación	Admisión	Desahogo
Declaración voluntaria de parte propia	A cargo del oferente (es su propio "testigo"), obtener información sobre los hechos controvertidos dentro del proceso, le sean propios o no	Demanda/contestación /Reconvención/Contestación reconvención. Oral	Todas las pruebas se admiten o no (por regla general) en la audiencia preliminar Si las partes estiman que las resoluciones judiciales que admitan o desechan pruebas les causan agravio, lo harán valer en la apelación contra la sentencia definitiva que, en su caso, interpongan (268)	Las pruebas admitidas se desahogan en la audiencia de juicio
Declaración de parte contraria	A cargo de la contraparte, aportar información de calidad o su confesión judicial para la autoridad jurisdiccional, sobre hechos materia de la controversia, conforme al caso en concreto	Demanda/ contestación /Reconvención / contestación reconvención. Oral. Excepto Personas Jurídicas Públicas (escrito)		
Declaración de testigos	A cargo de cualquier cualquier persona que tenga conocimiento sobre los hechos relacionados al litigio comparezca a proporcionar su declaración	Demanda/contestación /Reconvención/Contestación reconvención. Oral. Al menos 3 por hecho. Carga de presentarlos. Testigos rebeldes. Domicilio		
Pericial	Cuando sean necesarios conocimientos especiales en ciencia, arte, técnica o industria, o cuando la autoridad jurisdiccional lo requiera para llegar a una solución	Demanda/contestación /Reconvención/Contestación reconvención. Puntos y cuestionamientos sobre los que versará. Precisión de disciplina. Nombre perito		
Documental física/electrónica	Principio de equivalencia funcional y neutralidad tecnológica	Demanda/contestación /Reconvención/Contestación reconvención. Compulsa. Cotejo. Traducción		
Inspección o reconocimiento judicial	Acto contingente y momentáneo, en el que la autoridad jurisdiccional, a través de sus sentidos, da fe de aspectos reales o cuestiones materiales para crear convicción respecto de los hechos materia del litigio.	Demanda/contestación /Reconvención/Contestación reconvención. Puntos en que versará (materia, objeto, relación con hechos)		
Otros	Cualquier avance tecnológico y científico	Demanda/contestación /Reconvención/Contestación reconvención		
Presunciones	Derivaciones de la ley o inferencias lógicas a partir de los hechos probados	Demanda/contestación /Reconvención/Contestación reconvención		

4.4. ADMISIÓN DE PRUEBAS

En la etapa de admisión de pruebas de la audiencia preliminar o en la misma resolución que recaiga a la demanda incidental o contestación, la autoridad jurisdiccional se pronunciará sobre la admisión o desechamiento de pruebas, pudiendo limitar el número de testigos prudencialmente.

No se admitirán pruebas en los siguientes supuestos:

- Las que hayan sido ofrecidas extemporáneamente;
- Las que sean contrarias a derecho;
- Las que no versen sobre los hechos narrados por las partes, o hechos imposibles o notoriamente inverosímiles
- Las que no reúnan los requisitos establecidos en el CNPCF, como sería el no relacionarlas con algún hecho o, en caso de omitir enunciar nombre y direcciones de testigos o peritos.

4.5. RECEPCIÓN PRÁCTICA DE LA PRUEBA

Las pruebas se desahogarán en una audiencia *ex profeso,* generalmente en la de juicio, con las precisiones que a continuación se describen.

4.5.1. DECLARACIÓN VOLUNTARIA DE PARTE PROPIA

Este medio de prueba consiste en que la parte oferente es prácticamente su propio testigo, con el afán de aportar información de calidad proveniente directamente de la de la parte interesada sobre los hechos materia de la controversia.

En efecto, corre a cargo de la parte oferente, para ser interrogada por su representante autorizado en la audiencia respectiva, con el apercibimiento consistente en que no será recibida en caso de inasistencia. Quien vaya a ser interrogado queda notificado desde la audiencia preliminar, asista o no. No se requiere interrogatorio escrito. No es admisible para personas morales públicas y solo podrá desahogarse por representante legal, cuando se trata de persona moral privada.

4.5.2. DECLARACIÓN DE PARTE CONTRARIA

Sustituye a la otrora conocida prueba de confesión. Pretende aportar información de calidad o la confesión judicial de la contraparte respecto de los hechos materia de controversia.

Así, corre a cargo de la contraparte, para que sea interrogada por el oferente, su mandatario judicial o representante, de forma oral en el acto de la audiencia de juicio, con el apercibimiento de presunción de certeza de los hechos que se pretenden demostrar; por esta razón es imprescindible (y criterio de admisibilidad) relacionar desde los escritos o comparecencias de ofrecimiento, el hecho que se pretende demostrar con cada medio probatorio. Quien vaya a ser interrogado queda notificado en la audiencia preliminar, asista o no. Será por escrito la prueba a cargo de persona moral pública; los restantes interrogatorios, serán orales. En caso de responder con evasivas el interrogatorio o negarse a contestarlo, se presumirán ciertos los hechos que se pretendieron demostrar, salvo prueba en contrario.

Las características de las preguntas se condensan en el cuadro siguiente:

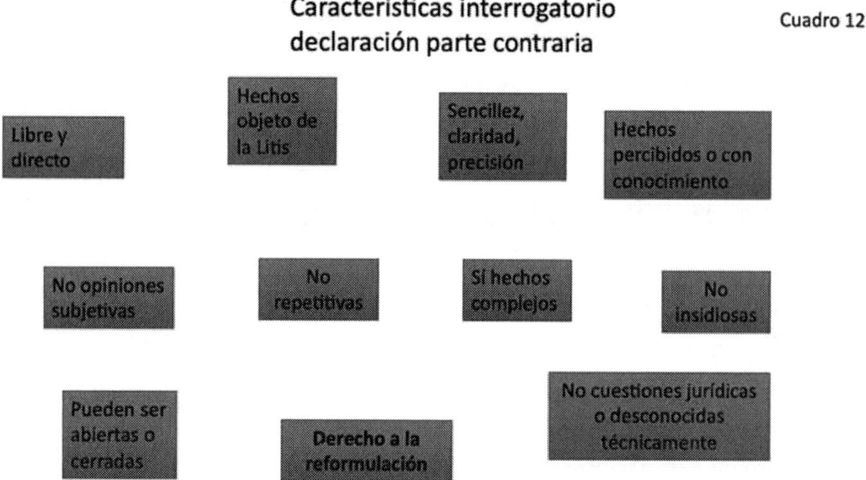

Si se ofrecen declaraciones voluntaria y de contraparte, la autoridad jurisdiccional indicará quién va primero y quien después y tras concluir una, que permanezca en su lugar para que desahogue la otra prueba, imperando la continuidad y la concentración. Quien responda no puede recibir asistencia de su representante legal. El oferente pregunta, después la parte contraria. Se da el derecho de objetar las preguntas y el órgano judicial resuelve al respecto,

El siguiente cuadro ilustra lo previamente relatado:

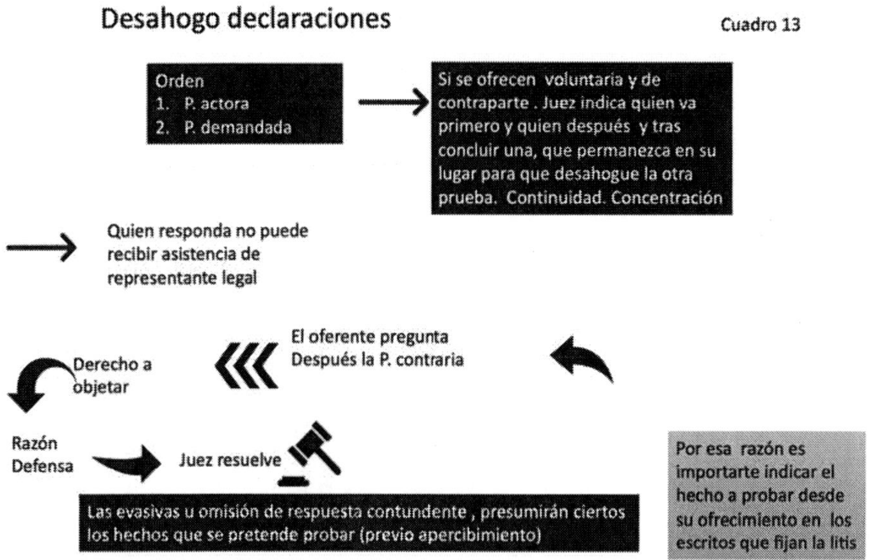

4.5.3. DECLARACIÓN DE TESTIGOS

En principio, cualquier persona que tenga conocimiento sobre los hechos relacionados al litigio podrá dar su testimonio, lo que conlleva a que desaparecen las tachas de testigos; únicamente quien tenga impedimento legal (verbigracia, por secreto profesional, entre otros) estaría exento de ser testigo. La no referencia a las tachas no veda la posibilidad de que la contraparte del oferente combata la idoneidad de los atestes por no reunir los atributos de objetividad o independencia de posición, lo cual, en su caso será valorado en la sentencia por la autoridad judicial. Como mínimo se aceptarán dos testigos por cada hecho controvertido. Llama la atención que no se dispone nada respecto del testimonio singular, que es tan frecuente en la práctica (es decir, que una sola persona haya presenciado el evento).

Será obligación de las partes presentar a sus propios testigos, a menos que se trate de aquellos sobre los cuales requiera auxilio de la autoridad para su citación mediando apercibimiento de ley (testigos hostiles o rebeldes). La sanción por no presentar a los testigos será declarar desierta la probanza.

A continuación se refleja lo recién relatado:

El desahogo de este medio de prueba inicia con la formal protesta de decir verdad desde el inicio de la audiencia, el registro de los generales de los testigos, su conducción al área de espera correspondiente; uno por uno, pasarán a ser interrogados de manera libre y directa, primero por el oferente, luego por la contraparte.

El interrogatorio deberá ser sencillo, claro, preciso, referente a los hechos controvertidos y que sean objeto de la prueba.

La autoridad judicial podrá pedir acaraciones a los testigos y recibirá, en su caso, las objeciones de las partes respecto de las preguntas (resolviendo de plano en el momento de la audiencia previa defensa del interrogante) o respecto de argumentos que descalifiquen la idoneidad de los interrogados —incluso mediante prueba documental—, fallando este último aspecto junto con el dictado de la sentencia que culmine la instancia.

He aquí un esquema del desahogo de la testimonial:

Desahogo testimonial Cuadro 15

1 Protesta de decir verdad al inicio de la audiencia

2 Generales

3 Espera en área de testigos

4 Interrogatorio del oferente. Libre y directo

5 Contra Interrogatorio-Contraparte. Libre y directo

6 Interrogatorio: sencillo, claro, preciso. Hechos controvertidos y objeto de la prueba. Credibilidad, idoneidad del declarante.

7 Re interrogatorio

8 Re contrainterrogatorio

9 Juez puede pedir aclaraciones a testigos

10 Objeción preguntas, escucha oferente. Resuelve juez

11 No tachas Si argumentos descalificación Documental

12 En sentencia se resuelve idoneidad testigos (documental)

4.5.4. PRUEBA PERICIAL

Procede cuando se requieran conocimientos especiales en alguna ciencia, arte, técnica o industria o cuando la autoridad jurisdiccional lo requiera para llegar a una solución. Será admisible solo cuando se necesitan tales conocimientos. Y a los corredores públicos se les considera aptos para fungir como perito valuador.

De estar debidamente ofrecida, la persona Juzgadora la admitirá en la etapa de admisión de pruebas de la audiencia preliminar o, en su caso, en la audiencia donde se haya ofrecido. Asimismo, conforme a la complejidad del caso, determinará un plazo de 5 a 10 días para que las partes exhiban por escrito el dictamen respectivo, salvo que existiera causa bastante para modificar dicho término.

En caso de que alguno de los peritos de las partes no exhiba su dictamen dentro del plazo señalado por la persona Juzgadora, precluirá su derecho para hacerlo y, en consecuencia, la prueba se desahogará con el dictamen que se tenga por rendido. En el supuesto de que ninguno de los peritos exhiba su dictamen en el plazo señalado se dejará de recibir la prueba.

Las partes deberán presentar a sus peritos en la audiencia de juicio, quienes acreditarán, bajo su responsabilidad, su calidad científica, técnica, artística o industrial para el que fueron propuestos, con el original o copia certificada de su cédula profesional o los documentos respectivos. Asimismo, expondrán verbal y brevemente las conclusiones de sus dictámenes, a efecto de que se desahogue la prueba con los exhibidos oportunamente y respondan las preguntas que la persona Juzgadora o las partes les formulen.

Desahogados los dictámenes de ambas partes, si la autoridad jurisdiccional los estima substancialmente contradictorios de tal modo que no es posible encontrar conclusiones que le aporten elementos de convicción, podrá designar un perito tercero en discordia en la misma audiencia de juicio. En este caso, desahogará las pruebas preparadas y diferirá la misma para la recepción de dicho dictamen, según el caso, al prudente arbitrio de la autoridad jurisdiccional, siempre y cuando no exceda de 15 días.

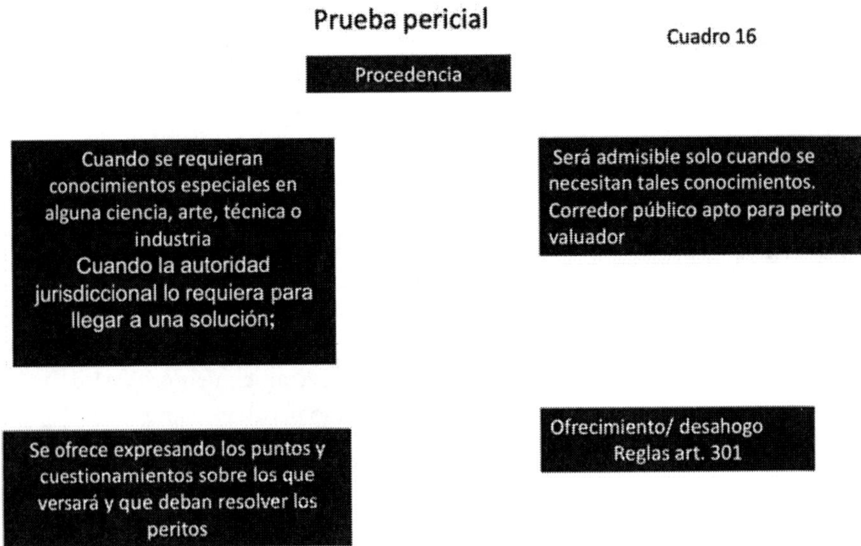

4.5.4.1. Prueba pericial en materia familiar

En todos los casos se nombrará persona perito oficial y sus honorarios serán cubiertos por el Estado, sin perjuicio de las personas peritos que puedan ser ofrecidas por las partes. Tratándose de avalúos sobre bienes, no habrá persona perito oficial, por lo que dicha pericial deberá sujetarse a las reglas establecidas en la materia civil. No será admisible perito tercero.

Las personas expertas forenses o peritos deberán comparecer a la etapa de admisión de pruebas de la segunda fase de la audiencia preliminar familiar, para acreditar su experticia, así como protestar y aceptar el cargo.

El dictamen pericial deberá rendirse dentro de los 15 días siguientes a la fecha en que se haya aceptado y protestado el cargo o bien, de la fecha que señale la autoridad jurisdiccional atendiendo a las circunstancias del caso. Lo anterior en el entendido de que las partes deberán de estar en aptitud de imponerse de su contenido por lo menos con 3 días de anticipación a la celebración de la audiencia del juicio.

4.5.5. DOCUMENTAL

El CNPCF presenta dos clasificaciones de documentales. La primera, bajo el criterio de su *materialidad*; a saber: físicas o electrónicas. La segunda, en relación a su *origen*: públicas o privadas.

4.5.5.1. Pruebas documentales físicas y electrónicas

Entenderemos por pruebas documentales físicas, aquellas que se materializan en papel y que por ende tienen una presencia táctil. Las electrónicas serán las que existen en el mundo virtual tecnológico.

Ambas especies de documentales, recibirán el mismo trato, atendiendo los principios de *equivalencia funcional o no discriminación* y *neutralidad tecnológica*. En todo caso, atendiendo a su naturaleza, se estará a las reglas generales y especiales, en lo relativo a su objeción, impugnación o fiabilidad.

El *principio de equivalencia funcional o no discriminación* consiste en que la autoridad jurisdiccional no negará efectos jurídicos, validez o eficacia probatoria a cualquier tipo de información por la sola razón de que esté contenida en un mensaje de datos.[120]

---

120 No obstante, habrá que estar al contenido del artículo 16, duodécimo párrafo, de la CPEUM, que indica: (...) *Las comunicaciones privadas son inviolables. La ley sancionará penalmente cualquier acto que atente contra la libertad y privacía de las mismas, excepto cuando sean aportadas de forma voluntaria por alguno de los particulares que participen en ellas. El juez valorará el alcance de éstas, siempre y cuando contengan información relacionada con la comisión de un delito. En ningún caso se admitirán comunicaciones que violen el deber de confidencialidad que establezca la ley (...).* Y a lo dispuesto por la fracción IX del artículo 20, apartado "A" de la misma CPEUM: (...) *Cualquier prueba obtenida con violación de derechos fundamentales será nula (...).* Ambas normas constitucionales, si bien son referentes al ámbito penal, por identidad de razón serían aplicables a la materia que nos ocupa. De ello se colige que, los mensajes de datos y en general todas las comunicaciones, tendrán valor en un procedimiento civil o familiar cuando: 1) Sean aportadas voluntariamente por una de las partes que intervengan en la comunicación; 2) Se encuentren

Asimismo, implica que:

a) En ningún caso se requerirá manifestación bajo protesta de decir verdad de que los documentos digitalizados son copia fiel e inalterada de los documentos físicos.

b) La autoridad jurisdiccional no negará validez a las comunicaciones, sea que estén contenidas en mensajes de datos o en medios físicos por el solo hecho de usar alguna tecnología determinada.[121]

c) La firma electrónica avanzada en un documento electrónico o en su caso, en un mensaje de datos, satisface el requisito de firma del mismo modo que la firma autógrafa en los documentos impresos.

d) Todas las actuaciones judiciales, promociones, resoluciones, diligencias, expedientes, audiencias y demás semejantes dadas en forma oral, de forma virtual, electrónica, remota o a distancia, tendrán la misma eficacia probatoria o valor jurídico, que los que el CNPCF consagra para las actuaciones presenciales y los instrumentos escritos; y

e) Los procedimientos judiciales podrán tramitarse total o parcialmente en línea, así como celebrarse sus actuaciones judiciales presencialmente o a distancia, sin que ello afecte la validez de las actuaciones. No se cuestionará la validez de un procedimiento por la sola razón de que una de las partes haya elegido llevarlo en línea y la otra de forma tradicional.

A su vez, el diverso principio de *neutralidad tecnológica* consiste en que el CNPCF no impondrá preferencias en favor o en contra de determinada tecnología, ni fomentará artificialmente determinadas opciones tecnológicas en detrimento de otras.

Este principio no limitará o impedirá que se usen los sistemas de justicia digital autorizados, según lo determinen los Acuerdos que establezcan los Lineamientos aprobados por el Consejo de la Judicatura respectivo.

Las partes están obligadas a exhibir todas las pruebas documentales físicas o electrónicas que ofrezcan relacionadas con sus pretensiones en la demanda o su contestación, sea principal o reconvencional, así como sus respectivas vistas. Cuando estén a su disposición, pero por alguna circunstancia no pueda acompañarse a su escrito

---

relacionadas con la Litis; y 3) No deriven del deber de confidencialidad. De lo contrario, dichos medios de prueba serán nulos.

121 *Ídem*

respectivo, deberá realizar todas las gestiones necesarias para hacerse de la prueba, acreditando dicha obligación al ofrecerla y, en su caso, la autoridad jurisdiccional emitirá las ordenes necesarias para su auxilio, si llegada la audiencia preliminar no se ha exhibido, no obstante ser admitida.

En el caso de información que no esté a su disposición, expresará el archivo físico o electrónico en que se encuentre, o si está en poder de terceros, realizando las gestiones necesarias a su alcance para hacerse de la prueba, caso en el cual el órgano jurisdiccional emitirá las ordenes y apercibimientos respectivos para su auxilio, en el entendido que subsistirá el deber de la parte interesada para gestionar dichas pruebas.

De no cumplirse con las cargas procesales antes referidas la prueba será desechada o, en su caso, declarada desierta.

4.5.5.2. Documentales públicas

Son consideradas como tales:

a) Las escrituras públicas, pólizas y actas otorgadas ante Notaria Pública o persona corredor público y los testimonios y copias certificadas de dichos documentos, firmadas en forma autógrafa o con firma electrónica avanzada;

b) Los documentos auténticos e informes expedidos por personas funcionarias que desempeñen cargo público, en lo que se refiere al ejercicio de sus funciones, con firma autógrafa o electrónica avanzada;

c) Los documentos auténticos, libros de actas, estatutos, registros y catastros que se hallen en los archivos públicos, o los dependientes del Gobierno Federal, de los Estados, de los Ayuntamientos, con firma original o electrónica autorizada;

d) Las certificaciones de las actas del estado civil expedidas por la persona Juzgadora, Directores, Oficiales o Funcionarios del Registro Civil de acuerdo a cada Entidad Federativa, y las certificaciones que sean expedidas por medios manuales;

e) Las escrituras públicas, pólizas y actas otorgadas ante Notaria Pública o persona corredor público y los testimonios y copias certificadas de dichos documentos, firmadas en forma autógrafa o con firma electrónica avanzada;

f) Los documentos auténticos e informes expedidos por personas funcionarias que desempeñen cargo público, en lo que se refiere al ejercicio de sus funciones, con firma autógrafa o electrónica avanzada;

g) Los documentos auténticos, libros de actas, estatutos, registros y catastros que se hallen en los archivos públicos, o los dependientes del Gobierno Federal, de los Estados, de los Ayuntamientos, con firma original o electrónica autorizada; y

h) Las certificaciones de las actas del estado civil expedidas por la persona Juzgadora, Directores, Oficiales o Funcionarios del Registro Civil de acuerdo a cada Entidad Federativa, y las certificaciones que sean expedidas por medios manuales.

Los instrumentos públicos que hayan venido al pleito sin citación contraria, se tendrán por legítimos y eficaces, salvo que se impugnare expresamente su autenticidad o exactitud por la parte a quien perjudiquen.

En este caso, a petición de parte, se decretará el cotejo con los protocolos y archivos físicos o electrónicos de los que provengan, mismo que se practicará en la audiencia respectiva por parte de la persona juzgadora acompañado del personal necesario y competente, así como las partes involucradas, al efecto de ingresar en el local del archivo físico, la página de internet o matriz, el día y hora señalado, a realizar dicho cotejo. Si no comparece la parte interesada o no provee los medios tecnológicos para su desahogo se declarará desierta la prueba.

4.5.5.3. Documentales privadas

Son las que otorgan los particulares sin intervención de Notaría Pública u otra persona funcionaria dotada de fe pública, o legalmente autorizada para certificar tal documento.

Los documentos privados y la correspondencia procedentes de uno de los interesados, presentados en juicio por vía de prueba y no objetados por la parte contraria, se tendrán por admitidos y surtirán sus efectos como si hubieren sido reconocidos expresamente. Puede exigirse el reconocimiento expreso, si la parte que los presenta así lo pidiere; con este objeto se exhibirán los originales a quien deba reconocerlos y se le dejará verlos en su integridad y no sólo la firma.

La parte que ofrezca pruebas documentales privadas está obligada a exhibir el original, si lo exhibe en copia certificada o simple y no lo exhibe para los efectos del reconocimiento o la elaboración de pruebas periciales, se presumirán ciertos los hechos que pretende demostrar la parte impugnante u objetante, salvo prueba en contrario.

4.5.5.4. Objeción general de documentos

Los documentos que presenten las partes en los escritos de demanda y contestación, o en el desahogo de vista, podrán ser objetados en cuanto a su alcance y valor probatorio en esos propios escritos o una vez admitidos en la audiencia preliminar.

La impugnación de falsedad de un documento debe realizarse en la etapa postulatoria del juicio. Si se trata de los exhibidos en la demanda, sea principal o reconvencional, la parte demandada deberá oponer la excepción de falsedad de documento y ofrecerá las pruebas para tal fin. La parte actora podrá responder a dicha impugnación, ampliará su cuestionario y ofrecerá la pericial correspondiente, en su caso.

4.5.6. INSPECCIÓN O RECONOCIMIENTO JUDICIAL

Es el acto contingente y momentáneo, en el que la persona Juzgadora, a través de sus sentidos, da fe de aspectos reales o cuestiones materiales para crear convicción respecto de los hechos materia del litigio.

Deberá desahogarse en la audiencia de juicio o, según las circunstancias, antes o después de la misma, en cualquier diligencia con día de diferencia máximo, a efecto de no afectar el principio de continuidad y concentración de la información que arroje.

En el caso de haberse solicitado la elaboración de planos o toma de fotografías éstas deberán incorporarse necesariamente en audiencia de juicio por la parte interesada.

Las partes, peritos o testigos podrán estar presentes en la inspección judicial. La persona Juzgadora deberá estar presente, sin poder delegar su presencia, con el personal necesario para el desarrollo de la audiencia. De lo contrario resultará nula la diligencia de pleno derecho.

De recibirse la inspección judicial en la audiencia de juicio, la persona Juzgadora decidirá el momento procesal para decretar el receso respectivo, definiendo las condiciones, tiempos, apercibimientos y demás medidas que considere pertinentes para llevar al cabo el desahogo y regresar a la sala de audiencias respectiva para la continuación de la audiencia si fuera el caso.

Con este fin, la audiencia iniciará en la sala de audiencias del órgano jurisdiccional respectivo, en la que se decretará un receso para trasladarse al lugar de la inspección y, posteriormente, al regreso, continuar con la audiencia respectiva.

En caso de no presentarse a la audiencia la parte interesada, la prueba dejará de recibirse. Durante el desahogo de la inspección las partes, testigos o peritos, según el caso, podrán realizar las observaciones que juzguen pertinentes.

La inspección judicial deberá quedar videograbada durante toda su duración, sin incluir el traslado de personas; adicionándose, en su caso, los planos y fotografías respectivas. De no ser posible, se hará constar en cualquier medio a juicio de la autoridad jurisdiccional.

4.5.7. OTROS MEDIOS DE PRUEBA

Para acreditar hechos o circunstancias que tengan relación con el negocio que se ventile, las partes pueden presentar otros medios de prueba que no estén expresamente reconocidos y regulados; a saber: videos, fotografías, cintas cinematográficas, disquetes o discos compactos, de sistemas computacionales, grabaciones de imágenes y sonidos, así como la información generada o comunicada que conste en medios electrónicos, magnéticos, ópticos, u otros medios de reproducción; o bien, copias digitales, impresiones de documentos electrónicos, simples o al carbón, documentos taquigráficos; así como registros dactiloscópicos, fonográficos, y, en general, cualesquiera otros elementos proporcionados por la ciencia y la tecnología, que puedan producir convicción en el ánimo de la autoridad jurisdiccional.

4.5.8. PRESUNCIONES LEGALES Y HUMANAS

Existe una presunción legal cuando la ley la establece expresamente y cuando la consecuencia nace inmediata y directamente de la ley.

Habrá presunción humana, cuando de un hecho debidamente probado, se deduce otro que es consecuencia ordinaria de aquél.

4.6. LA VALORACIÓN DE LAS PRUEBAS

La valoración de las pruebas es el juicio de aceptabilidad de los resultados producidos por los medios de prueba.

Consiste en la verificación de los enunciados fácticos introducidos en el proceso a través de los medios de prueba, así como en el reconocimiento a los mismos de un determinado valor o peso en la formación de la convicción del juzgador sobre los hechos que se juzgan.

Por sistema probatorio se entiende el conjunto de normas conforme a las cuales se regulan las pruebas en el enjuiciamiento y su forma de evaluarlas. A través de cada sistema sabremos qué pruebas pueden llevarse al proceso y qué valor demostrativo representan.

Suelen identificarse en el orbe los siguientes sistemas probatorios:

a) El tasado. – En este sistema, conocido también como "de la prueba legal", el legislador es quien determina los medios de prueba válidos en el proceso y les preestablece un valor demostrativo. Es un sistema muy utilizado en los sistemas dictatoriales y pone en relieve la desconfianza que genera el arbitrio judicial.

b) El libre. – Se caracteriza por la irrestricta potestad otorgada a las partes para aportar probanzas, las cuales en su momento serán valoradas por la autoridad sin sujeción a ninguna regla limitante de arbitrio y sin existir obligación de explicar las razones por las que se obtiene la certeza sobre los hechos justiciables. Es utilizado normalmente por el jurado popular.

c) La sana crítica. – Participa de las características del libre, pero la autoridad tendrá la obligación de expresar en sus resoluciones los razonamientos por los cuales atribuyó o negó valor a las pruebas

d) El mixto. – En este sistema, algunos medios probatorios y su valor, aparecen señalados en la ley, al paso que otros se dejan a la libertad de las partes y son evaluados libremente por la autoridad

Acorde con la clasificación anterior, el CNPCF, acoge el sistema *mixto,* lo cual se deduce del primer párrafo artículo 343, que es del siguiente tenor:

> *(...) Las autoridades jurisdiccionales apreciarán la prueba según su libre convicción extraída de la totalidad del debate y la instrumental de actuaciones, lo harán de manera libre, lógica y basada en la experiencia. En la resolución judicial respectiva siempre expondrán la motivación racional de las pruebas desahogadas tanto en lo individual como en su conjunto, salvo que se hayan desestimado, indicando las razones que se tuvieron para hacerlo (...).*

Así, por disposición del CNPCF tendrán valor pleno ciertas pruebas, como las cadenas de bloques,[122] las presunciones legales, los documentos públicos, las actua-

---

122 Conocidas también como *Blockchain* y definidas en el CNPCF en su artículo 2, fracción VII, como: (...) *[El] conjunto de tecnologías cuyas características buscan posibilitar la transferencia de valor en entornos digitales a través de métodos de consenso y cifrado. Desde un punto de vista técnico, y atendiendo a sus características, una cadena de bloques es una base de datos, descentralizada y distribuida en una red de computadoras, formada por un conjunto de registros vinculados donde se*

ciones judiciales, la inspección judicial y los documentos privados provenientes de las partes, no objetados o reconocidos.

Cuadro 17

Prueba plena

Blockchain
Las presunciones legales
Los documentos públicos
Las actuaciones judiciales y la inspección judicial
Los documentos privados provenientes de las partes (no objetados o reconocidos)

Finalmente, los hechos notorios no necesitan ser probados, y la autoridad jurisdiccional puede invocarlos, aunque no hayan sido alegados por las partes.

---

almacenan transacciones o datos, que han sido diseñados para evitar su modificación o manipulación no autorizada, una vez que un dato ha sido publicado (...).

Capítulo 5
LOS PROCEDIMIENTOS CIVILES

El CNPCF desarrolla diversos procedimientos, que podemos enumerar de la forma siguiente: 1) Juicio oral sumario; 2) Justicia civil; 3) Justicia familiar; 4) Juicios universales; 5) Acciones colectivas; 6) Justicia digital; 7) Vía de apremio y ejecución; y 8) Procesos internacionales, bajo las siguientes premisas generales:

a. Ponderación de la solución de la controversia sobre los formalismos procesales.
b. Aplicabilidad primordial de las reglas y principios del juicio oral en lo que resulte compatible.
c. Consideración de los parabienes de la justicia alternativa o procedimientos convencionales que pacten las partes.
d. Tramitación digital.
e. Dirección procesal judicial.
f. Cercioramiento de asistencia letrada a las partes.
g. Ajustes razonables.
h. Suplencia oficiosa de los planteamientos de derecho en pro de la protección de grupos de atención prioritaria.
i. Utilización de formatos alternativos, a fin de garantizar equidad y accesibilidad estructural y de comunicación.
j. Ministración de intérpretes o traductores.
k. Reconocimiento de sistemas normativos, usos y costumbres autóctonos.,
l. Acceso a la justicia.
m. Concentración procesal.
n. Colaboración *inter partes*.

ñ. Continuidad.

o. Contradicción.

p. Igualdad Procesal.

q. Inmediación.

r. Interés superior de la niñez.

s. Impulso procesal.

t. Lealtad procesal.

u. Litis abierta en materia familiar.

v. Perspectiva de género.

w. Preclusión.

x. Privacidad.

y. Publicidad.

Asimismo, se destacan otras disposiciones procesales importantes:

- *Días hábiles*: todos los del año, menos sábados y domingos y aquéllos que las leyes declaren festivos, además en los que por cualquier motivo no tengan lugar actuaciones judiciales.
- *Horas hábiles:* De las 7 a las 19.
- *Caso especial de días y horas hábiles:* En los juicios que versen sobre alimentos, derechos de NNA, controversias familiares, cualquier tipo de violencia intrafamiliar, y los demás que determinen las Leyes, todos los días y horas son hábiles.
- *Caducidad de la instancia.*[123]– Operará de pleno derecho la caducidad de la primera instancia cualquiera que sea el estado del juicio, desde el primer auto que se dicte en el mismo, hasta antes de que concluya la audiencia de juicio, si transcurridos 40 días hábiles contados a partir de la notificación de la última determinación judicial no hubiere promoción que tienda a impulsar el procedimiento de cualquiera de las partes. La caducidad de la segunda instancia se dará si en el lapso de 30 días hábiles contados a partir de la notificación de

123 No procederá la caducidad: 1) En los juicios universales de concursos y sucesiones, pero sí en los juicios con ellos relacionados que se tramiten independientemente, que de aquéllos surjan o por ellos se motive; 2) En las actuaciones de jurisdicción voluntaria o procedimientos no contenciosos; 3) En los juicios de alimentos, y 4) Cuando sea en perjuicio de NNA.

la última determinación judicial, ninguna de las partes hubiere promovido impulsando el procedimiento y su efecto será dejar firme lo actuado ante la autoridad jurisdiccional. La caducidad de los incidentes se generará por el transcurso de 15 días hábiles contados a partir de la notificación de la última determinación judicial sin promoción alguna de las partes; la declaración respectiva sólo afectará a las actuaciones del incidente, sin abarcar las de la instancia principal.

- *Demandas por comparecencia:* En el juicio oral sumario y en controversias familiares.
- *Multas elevadas:* En efecto, la multa oscila entre las 100 y las 300 UMAS,[124] como medida de apremio.
- *El cateo por orden escrita*: Como medida de apremio y de conformidad con los requisitos del articulo 16 de la CPEUM.[125]
- *Disposición directa de la fuerza pública:* Cuando se actúe para cumplimentar un emplazamiento, notificación o determinación de la autoridad jurisdiccional.
- *Defensa técnica*: Para el caso de que alguna o ambas partes acudan sin ella, la autoridad jurisdiccional solicitará de inmediato la intervención de la Defen-

---

124 En la fecha en que se escriben estas líneas (junio de 2023), el valor de la UMA es de $103.74; o sea, 100 UMAS= $10,374.00 y 300 UMAS= $31,122.00.

125 El párrafo once del artículo 16 de la CPEUM, indica: *(...) En toda orden de cateo, que sólo la autoridad judicial podrá expedir, a solicitud del Ministerio Público, se expresará el lugar que ha de inspeccionarse, la persona o personas que hayan de aprehenderse y los objetos que se buscan, a lo que únicamente debe limitarse la diligencia, levantándose al concluirla, un acta circunstanciada, en presencia de dos testigos propuestos por el ocupante del lugar cateado o en su ausencia o negativa, por la autoridad que practique la diligencia (...).* El cateo civil no existe en todos los códigos procesales civiles de las entidades federativas como es el caso de Yucatán; Coahuila, Michoacán y Ciudad de México (entre otras) sí lo contemplan. Al respecto la SCJN ha referido que la medida de apremio de cateo establecida en las legislaciones civiles tiende a garantizar la plena ejecución de una resolución dictada por un tribunal, cuya constitucionalidad deriva del artículo 17 de la Constitución Federal, sin que riña con el derecho de inviolabilidad del domicilio y, por lo tanto, deje de satisfacer todos los requisitos que establece el artículo 16 constitucional; asimismo, según el Alto Tribunal, no se circunscribe al ámbito penal, cabiendo la interpretación extensiva, pues sucede lo mismo en el caso de las visitas domiciliarias —pertenecientes al ámbito administrativo— y también reguladas en el propio artículo 16 constitucional, que siguen las mismas formalidades que el cateo, sin que esa sola circunstancias las torne en inconstitucionales. Véase: Registro digital: 17766, Asunto: Contradicción de Tesis 22/2003-PL, Novena Época, Fuente: Semanario Judicial de la Federación y su Gaceta, Tomo XVIII, septiembre de 2003, página 675, Instancia: Pleno.

soría Pública, quien de manera gratuita asistirá a quien lo requiera y para el caso de que la designación se realice en el momento del desahogo de alguna audiencia, la autoridad jurisdiccional podrá diferirla, por una única ocasión, fijándose nuevo día y hora dentro de los siguientes 10 días hábiles.

- *Defensa especializada*: En tratándose de asuntos que afecten derechos de la infancia, con representación de la Defensoría Pública en caso de incurrir en ese déficit.
- *Persona representante autorizada:* Las partes podrán autorizar para oír notificaciones en su nombre, a una o varias personas, quienes quedarán facultadas para intervenir en representación de quien los autoriza en todas las etapas procesales del juicio, comprendiendo la de segunda instancia y la ejecución.[126] Deberán acreditar encontrarse legalmente autorizadas para ejercer la profesión de persona licenciada en derecho o abogada, en caso contrario, solo estarán facultadas para consulta del expediente. No se requerirá registro ante los poderes judiciales, ni la falta de este registro será impedimento para que las autoridades jurisdiccionales tengan por autorizadas a las personas representantes autorizadas.

Cuadro 18

[126] Comprende todas las facultades generales y las especiales que requieran cláusula especial, incluyendo la de absolver y articular posiciones, debiendo en su caso, especificar aquellas facultades que no se les otorguen, pero no podrán sustituir o delegar dichas facultades en tercera persona. Sin embargo, requerirán manifestación expresa que los faculte para transigir, desistirse de la instancia, de la acción y de los recursos o medios de defensa.

5.1. EL JUICIO ORAL SUMARIO

Los Consejos de la Judicatura determinarán que tipo de controversias se gestionarán a través de este procedimiento.

Tanto la demanda como la contestación se formularán por comparecencia, narrando los hechos con precisión, ofreciendo pruebas y proporcionando los datos de la persona demandada.

En esa misma audiencia se procurará la solución del conflicto y se admitirán las pruebas de las partes, señalando nueva fecha para audiencia de juicio. En la audiencia de juicio se desahogarán las pruebas, se escucharán los alegatos y se emitirá sentencia. No existirá expediente físico. Es admisible la reconvención.

Su *ratio iuris* radica en la legislación del Estado de Puebla, según el dictamen senatorial:[127]

> *(...) En ese orden de ideas, se propone incorporar el "Juicio Oral Sumario" tomando como base la experiencia que han tenido algunas entidades federativas en su aplicación, en particular el Estado de Puebla que lo regula con la denominación del Juicio Oral Sumarísimo en el Código de Procedimientos Civiles para el Estado Libre y Soberano de Puebla (...).*

Al respecto, el Código de Procedimientos Civiles de esa entidad federativa, expresa en su artículo 574 que:

> *(...) Las partes, por voluntad expresa, pueden dirimir su controversia en juicio oral sumarísimo, y ser asistidos por abogado patrono.*
>
> *La voluntad a que se refiere el párrafo anterior, deberá constar en la celebración de un acto jurídico anterior a la controversia, o dentro del procedimiento ya iniciado (...).*

Y el diverso numeral 575 del propio ordenamiento poblano, remite a los acuerdos que emita el Tribunal Superior de Justicia, el cual pronunció el 11 de octubre de 2021 el acuerdo respectivo que indica las materias comprendidas en esa especie de enjuiciamiento,[128] en el siguiente sentido:

---

127 Senado de la República, Op. cit., p. 68.

128 11/oct/2021 ACUERDO del Tribunal Superior de Justicia del Estado de Puebla, funcionando en Pleno, emitido durante la Sesión Ordinaria de fecha veintisiete de mayo de dos mil veintiuno y modificado en Sesión Ordinaria de fecha veintitrés de septiembre de dos mil veintiuno, por el que se determinan los asuntos que serán sometidos, conocidos y resueltos a través del Juicio Oral Sumarísimo, conforme lo señala el artículo 575 del Código de Procedimientos Civiles para el Estado Libre y Soberano de Puebla.

(…) Los juicios de divorcio incausado, los de alimentos y los de guarda y custodia, provisional o definitiva —dentro de los que deban quedar comprendidos los de visita y convivencia—, serán sometidos, conocidos y resueltos a través del juicio oral sumarísimo de que trata el Capítulo Segundo del Libro Tercero, del Código de Procedimientos Civiles (…).

A continuación, la ruta crítica del juicio oral sumario comprendido en el CNPCF:

Juicio oral sumario **Cuadro 19**

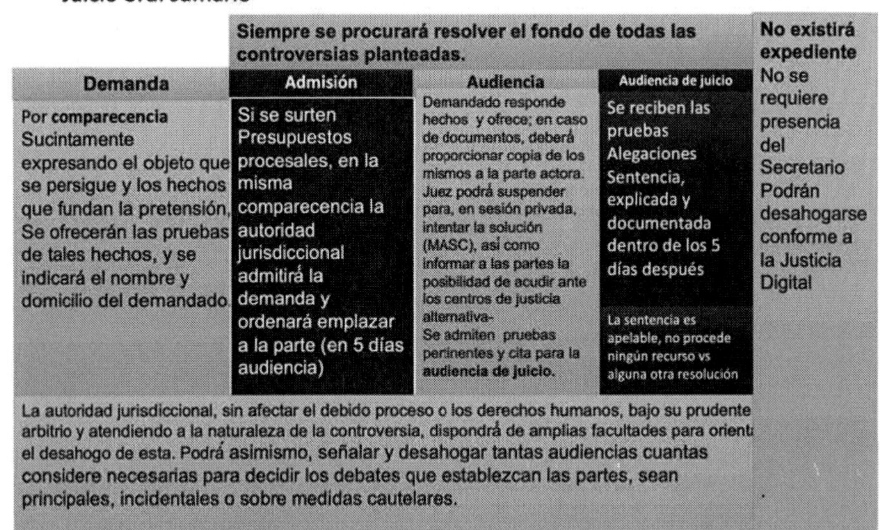

5.2. JUSTICIA CIVIL

La Justicia civil en el CNPCF comprende los siguientes procedimientos:

a) Actos prejudiciales y Medidas cautelares;

b) Procedimientos No Contenciosos;

c) Juicio ordinario civil oral;

d) Juicio ejecutivo civil oral;

e) Tercerías;

f) Juicio especial hipotecario oral;

g) Juicio Especial de Arrendamiento Inmobiliario Oral;

h) Procedimiento Especial de Inmatriculación Judicial Oral; y

i) Juicio arbitral.

5.2.1. ACTOS PREJUDICIALES EN MATERIA CIVIL

5.2.1.1. Medios preparatorios del Juicio en general

Tienen por objeto que una persona se allegue de aquellos elementos que estime necesarios para ejercitar una acción o hacer valer un derecho o excepción, dentro de un procedimiento jurisdiccional.

Cualquier juicio podrá prepararse solicitando información a través de declaración o interrogatorio bajo protesta, a la persona que se pretenda demandar, acerca de un hecho relativo a su personalidad, negocios, la calidad de su posesión o tenencia de bienes.

Asimismo, podrá solicitarse la exhibición de:

- Un bien mueble;
- Títulos u otros documentos que se refieran a bienes vendidos;
- Un protocolo o cualquier otro documento archivado (la diligencia se practicará en la oficina del Notario Público; del Corredor Público o en la oficina respectiva);
- Instrumentos o documentos relativos a la posesión, propiedad y tenencia de bienes muebles o inmuebles que se pretenda recuperar; así como de actos o hechos jurídicos que puedan ser materia de controversia;
- Un testamento;
- Uno o más bienes que el legatario tenga derecho a elegir
- Presentación de los documentos y cuentas de la sociedad o comunidad, a una persona socia o copropietaria que los tenga en su poder; y
- El examen de testigos (a lo que se denomina prueba anticipada).

A continuación, la correspondiente ruta crítica:

Cuadro 20

Medios preparatorios del juicio en general

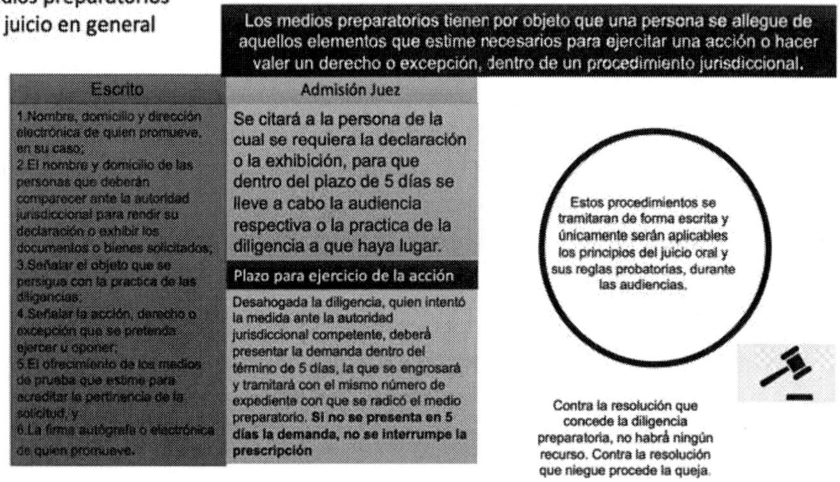

Los medios preparatorios tienen por objeto que una persona se allegue de aquellos elementos que estime necesarios para ejercitar una acción o hacer valer un derecho o excepción, dentro de un procedimiento jurisdiccional.

Escrito	Admisión Juez
1.Nombre, domicilio y dirección electrónica de quien promueve, en su caso; 2.El nombre y domicilio de las personas que deberán comparecer ante la autoridad jurisdiccional para rendir su declaración o exhibir los documentos o bienes solicitados; 3.Señalar el objeto que se persigue con la practica de las diligencias; 4.Señalar la acción, derecho o excepción que se pretenda ejercer u oponer; 5.El ofrecimiento de los medios de prueba que estime para acreditar la pertinencia de la solicitud, y 6.La firma autógrafa o electrónica de quien promueve.	Se citará a la persona de la cual se requiera la declaración o la exhibición, para que dentro del plazo de 5 días se lleve a cabo la audiencia respectiva o la practica de la diligencia a que haya lugar. **Plazo para ejercicio de la acción** Desahogada la diligencia, quien intentó la medida ante la autoridad jurisdiccional competente, deberá presentar la demanda dentro del término de 5 días, la que se engrosará y tramitará con el mismo número de expediente con que se radicó el medio preparatorio. **Si no se presenta en 5 días la demanda, no se interrumpe la prescripción**

Estos procedimientos se tramitaran de forma escrita y únicamente serán aplicables los principios del juicio oral y sus reglas probatorias, durante las audiencias.

Contra la resolución que concede la diligencia preparatoria, no habrá ningún recurso. Contra la resolución que niegue procede la queja.

5.2.1.2. Medios preparatorios del Juicio Ejecutivo civil

Los medios preparatorios a juicio ejecutivo tienen por objeto que una persona presunta deudora comparezca ante la autoridad jurisdiccional para reconocer el contenido de un documento o la firma de este, así como por solicitud de la persona acreedora y sobre una obligación cierta, liquida y exigible.

La ruta crítica de dicho procedimiento es la siguiente:

Medios preparatorios del Juicio Ejecutivo Civil

Cuadro 21

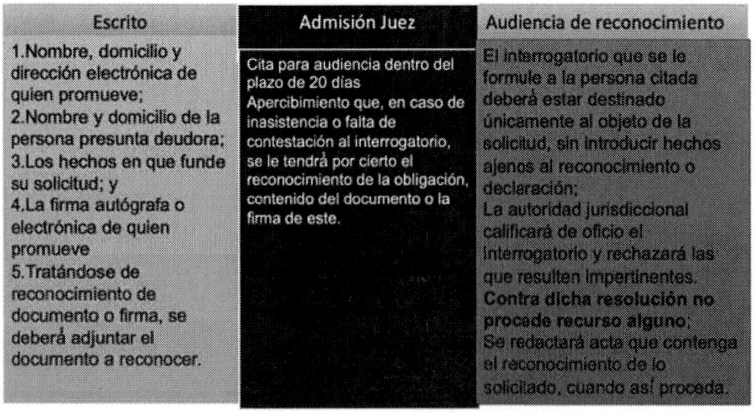

Escrito	Admisión Juez	Audiencia de reconocimiento
1.Nombre, domicilio y dirección electrónica de quien promueve; 2.Nombre y domicilio de la persona presunta deudora; 3.Los hechos en que funde su solicitud; y 4.La firma autógrafa o electrónica de quien promueve 5.Tratándose de reconocimiento de documento o firma, se deberá adjuntar el documento a reconocer.	Cita para audiencia dentro del plazo de 20 días Apercibimiento que, en caso de inasistencia o falta de contestación al interrogatorio, se le tendrá por cierto el reconocimiento de la obligación, contenido del documento o la firma de este.	El interrogatorio que se le formule a la persona citada deberá estar destinado únicamente al objeto de la solicitud, sin introducir hechos ajenos al reconocimiento o declaración; La autoridad jurisdiccional calificará de oficio el interrogatorio y rechazará las que resulten impertinentes. **Contra dicha resolución no procede recurso alguno**; Se redactará acta que contenga el reconocimiento de lo solicitado, cuando así proceda.

5.2.1.3. Preparación del juicio arbitral

Cuando en un contrato o instrumento público se haya establecido cláusula de arbitraje y no se haya nombrado árbitro, éste se rehusaré o falleciere y no exista sustituto, cualquiera de las partes contratantes podrá acudir ante la autoridad jurisdiccional para que se designe uno a través de un medio preparatorio.

Aquí la ruta crítica:

Preparación del Juicio Arbitral **Cuadro 22**

Escrito	Admisión Juez	Audiencia de nombramiento
Presentándose por cualquiera de los interesados el documento firmado ya sea de manera electrónica o autógrafa, en el que se contiene la clausula compromisoria	Se citará a una audiencia dentro del 5° día para que se presenten a elegir arbitro, apercibiéndolos de que, en caso de no hacerlo, lo hará en su rebeldía.	En la audiencia, la autoridad jurisdiccional exhortará a que elijan árbitro de común acuerdo, y en caso de no conseguirlo, designará uno entre las personas que aparezcan en listas o Colegios.
		Acta y emplazamiento
		Habiéndose nombrado árbitro, se levantará acta de la audiencia, a través de la cual se iniciarán las actuaciones del mismo, emplazando a las partes como se determina en las reglas generales del juicio arbitral.

5.2.1.4. Consignación

Se verifica en caso de que la persona acreedora rehusare, sin justa causa a recibir la prestación debida, dar el documento justificativo de pago o si fuere persona incierta o no tenga la habilidad o facultad jurídica de recibir pagos, la deudora podrá librarse de la obligación, mediante el ofrecimiento judicial de pago, seguido de consignación.

Como un medio de despresurización judicial, se faculta a fedatarios públicos para llevar a cabo este procedimiento, lo cual implica necesariamente la reforma a las leyes estatales a fin de adecuar esa facultad, dado que, por ejemplo, la Ley del Notariado del Estado de Yucatán prohíbe que dichos fedatarios reciban cantidades de dinero o documentos que representen numerario, salvo las sumas que se requieran para el pago de impuestos o derechos.

A continuación la ruta crítica:

Cuadro 23

Consignación

Escrito	Gestión judicial
Deudor Ofrecimiento judicial del pago Consignación (valores, muebles, inmuebles)	Cita a acreedor para diligencia Reciba o vea depositar Se levanta constancia Si el acreedor se niega a recibir los bienes consignados, se harán constar sus argumentos en el acto respectivo. Cuando la persona acreedora se rehusare en el acto de la diligencia a recibir, el bien, con la certificación a que se refieren los artículos anteriores, podrá la deudora pedir la declaración de liberación en contra da la acreedora.

La consignación y el depósito pueden hacerse por conducto de Fedatario Público, en este caso la designación de la persona depositaria será hecha bajo la responsabilidad de la persona deudora.

Ley del Notariado Yuc. Artículo 48.- Los Notarios Públicos no podrán recibir y conservar en depósito sumas de dinero o documentos que representen numerario, con motivo de los actos y contratos en que intervengan. Se exceptúan de esta prohibición las cantidades que se destinen al pago de impuestos o derechos que se causen por las operaciones que autoricen.

5.2.2. MEDIDAS CAUTELARES EN MATERIA CIVIL

Las medidas o providencias precautorias establecidas por el CNPCF podrán decretarse, tanto como actos prejudiciales, como después de iniciado el juicio respectivo.

En el primer caso (prejudicial) se tramitará en expediente que se forme por cuerda separada, previo a iniciar el juicio principal conforme al procedimiento de dos fases (medida provisional y definitiva). Ejecutada la providencia precautoria antes de ser presentada la demanda, la persona que la pidió deberá entablar el juicio respectivo dentro de los 15 días siguientes.

En la segunda especie (durante juicio), se lleva a cabo por la vía incidental directamente ante la autoridad jurisdiccional que conoce del procedimiento conforme al procedimiento de dos fases (medida provisional y definitiva).

Esas medidas son:

a) Radicación de persona, cuando hubiere temor fundado de que se ausente u oculte la persona contra quien deba promoverse o se haya promovido una demanda. Dicha medida se reducirá a prevenir a la parte demandada que no se ausente del lugar del juicio sin dejar quien la represente legalmente, suficientemente instruida y expensada, para responder a las resultas del juicio. Quien quebrante la providencia de radicación de persona, será sancionado con la pena que señala el Código Penal respectivo por el delito de desobediencia a un mandato legitimo de la autoridad judicial, sin perjuicio de ser compelido por los medios de apremio que correspondan a volver al lugar del juicio. Quien ostente la representación legal y que se presente instruida y expensada, quedará obligada solidariamente con la persona deudora, respecto del contenido de la sentencia;

b) *Retención de bienes,* en cualquiera de los siguientes casos:

   + Cuando exista temor fundado de que los bienes que se hayan consignado como garantía o respecto de los cuales se vaya a ejercitar una acción real, se dispongan, oculten, dilapiden, enajenen o sean insuficientes, y

   + Tratándose de acciones personales, siempre que la persona contra quien se pida no tuviere otros bienes que aquellos en que se ha de practicar la diligencia, y exista temor fundado de que los disponga, oculte, dilapide o enajene. Si los bienes consisten en dinero en efectivo o en deposito en instituciones de crédito, u otros bienes fungibles, se presumirá el riesgo de que los mismos sean dispuestos, ocultados o dilapidados, salvo que el afectado con la medida garantice el monto del adeudo.

c) *Depósito o aseguramiento* de las cosas, libros, documentos o papeles sobre que verse el litigio, cuando se demuestre la existencia de un temor fundado o el peligro de que las cosas, libros, documentos o papeles puedan ocultarse, perderse o alterarse, y

d) *El aseguramiento* de bienes y condiciones necesarias para conservar la causa de pedir y garantizar la ejecución efectiva de la sentencia, siempre y cuando las cosas se mantengan en el estado en que se encuentren a la fecha de notificación de la providencia, no se afecten el orden e interés público o de terceras personas, y no se constituyan derechos a favor de la promovente equivalentes a los que obtendría, en el caso de obtener sentencia definitiva favorable.

En seguida se refleja la ruta crítica atinente:

Medidas o providencias precautorias — Cuadro 24

<table>
<tr><th>Fase provisional</th><th>Fase definitiva</th></tr>
<tr><td rowspan="4">No se requerirá de citación de la parte afectada
Su objeto es proteger el peligro en la demora que afirme y demuestre el peticionario.
En caso de ser otorgada, la providencia precautoria provisional surtirá sus efectos hasta que se resuelva sobre el otorgamiento de la providencia precautoria definitiva.
Desde aquí las pruebas
La persona contra quien se haya dictado una providencia precautoria, puede en cualquier tiempo, pero antes de la sentencia ejecutoria, solicitar a la autoridad jurisdiccional su modificación o revocación-</td><td>Apariencia del buen derecho peligro en la demora
Traslado a la parte afectada en 3 días hábiles manifieste y ofrezca
pruebas en la comparecencia</td></tr>
<tr><td>Audiencia especial</td></tr>
<tr><td>Dentro de los 5 días siguientes
En la misma audiencia se abordará el debate sobre procedencia, en su caso, de establecer una garantía a cargo del peticionario de la providencia precautoria.
Desahogo de pruebas
Cierre de instrucción
3 días hábiles para dictar la sentencia interlocutoria en la que confirme, modifique o levante la providencia precautoria, en definitiva</td></tr>
<tr><td>Recurso de apelación (art. 911, VII)..</td></tr>
<tr><td colspan="2">Puede reclamar la providencia precautoria un tercero, cuando sus bienes hayan sido objeto del secuestro (sic). En contra de la resolución de dicha reclamación, procederá el recurso de apelación</td></tr>
</table>

5.2.3. PROCEDIMIENTOS CIVILES NO CONTENCIOSOS

5.2.3.1. Jurisdicción voluntaria civil

Comprende todos los actos que, por disposición de la ley o por solicitud de las personas interesadas, se requiere la intervención de la autoridad jurisdiccional, sin que esté promovida, ni se promueva cuestión litigiosa alguna entre partes determinadas.

A solicitud de parte legitima podrán practicarse en esta vía las notificaciones o emplazamientos necesarios en procesos extranjeros.

También procederá a fin de:

- Justificar algún hecho o acreditar un derecho;
- Justificar la posesión como medio para acreditar el dominio pleno de un inmueble o derecho real;
- Acreditar la posesión o propiedad de vehículos automotores por medio de testigos, siempre que no cuenten con reporte de robo u otros ilícitos, así como se justifique su legal estancia en el país;
- Comprobar la posesión de un mueble o algún derecho real;
- En cualquier otro que sólo tenga interés el promovente.

Se faculta a los Notarios verificar este procedimiento cuando se trate de acreditar hechos conocidos o situaciones, de conformidad con lo dispuesto por la legislación aplicable. Por lo que será necesario revisar la normatividad de cada entidad federativa para poder precisar esta atribución.

En efecto, la Jurisdicción Voluntaria podrá tramitarse ante Notaria o Notario Público cuando así lo disponga la legislación aplicable; y el promoverte sea el único que tenga interés en el objeto de los mismos, no esté promovida, ni se promueva cuestión litigiosa alguna entre partes determinadas y no se encuentren involucrados derechos de NNA.

He aquí la ruta crítica del procedimiento en cita:

Jurisdicción voluntaria civil **Cuadro 25**

Escrito	No se requiere intervención de persona distinta	Sí se requiere intervención de persona distinta
1.Nombre y domicilio de quien promueve; 2.En su caso, nombre y domicilio de las personas que deban ser citadas; 3.La providencia solicitada; 4.Los hechos que fundamenten la solicitud; 5.Las pruebas que se ofrezcan, y 6.Firma de quien promueve.	1.El promovente comparecerá ante la autoridad jurisdiccional y sin mayor formalidad expresará la causa que origina la necesidad de la intervención judicial; 2.Si se requiere por la naturaleza de lo solicitado, el promovente ofrecerá las informaciones, dictámenes o pruebas necesarias para que la autoridad jurisdiccional gestione la solicitud y emita la providencia respectiva, y 3.Si la autoridad jurisdiccional admite la solicitud, en la misma audiencia recibirá las informaciones, dictámenes o pruebas ofrecidas y emitirá, en su caso, la providencia respectiva. Si se le solicita, la documentará en tres días.	1.El promovente comparecerá ante la autoridad jurisdiccional, y sin mayor formalidad expresará la causa que origina la necesidad de la intervención judicial. Además, señalará el nombre y domicilio de las personas que tengan interés; 2.El promovente ofrecerá cuando así se requiera, las pruebas que sustenten la petición; 3.Se emplazará a las personas que tengan interés para una audiencia que se verificará en el término de tres días, en que expresen lo que a su interés convenga. En esa audiencia se desahogarán las pruebas de las partes y en seguida se emitirá la sentencia respectiva.

Audiencia

Se dará por terminado el *procedimiento de jurisdicción voluntaria si se* opusiere parte legitima. Se desechará la oposición que se haya después de efectuado el acto, reservándole los derechos a quien se oponga para que los haga valer en la vía y forma que proceda.

La resolución desestimatoria de la petición es recurrible en queja. La que dé por concluido el procedimiento de las diligencias, será apelable en el efecto devolutivo.

5.2.3.2. Apeo y deslinde

Tiene lugar siempre que no se hayan fijado los limites o linderos que separan un fundo de otro u otros, o que, habiéndose fijado, hay motivo fundado para creer que no son exactos ya sea que naturalmente se hayan confundido, o porque se hayan destruido las señales que los marcaban, o bien porque éstas se hayan colocado en lugar distinto del primitivo.

Tienen derecho para promover el apeo:

1. Quien ostente la calidad de propietaria;
2. Quien posea con titulo bastante para transferir el dominio;
3. Quien sea titular del derecho para usufructuar el bien;

4. El apeo o deslinde de un fundo de propiedad nacional, estatal o municipal sólo podrá practicarse a petición de la autoridad administrativa correspondiente, y
5. Los particulares pueden también pedir el apeo, para deslindar su fundo respecto de otro con carácter público. En este caso, la diligencia se limitará a marcar los linderos entre ambos fundos.

Estas diligencias podrán tramitarse ante Notario Público.

Si ello es así, además de acreditarse la propiedad o titularidad del bien a deslindar, se deberá acreditar la propiedad o titularidad de los colindantes, salvo que el predio colinde con predio o bienes destinados a servicios públicos o de propiedad municipal, estatal o federal. Asimismo, la solicitud deberá ser suscrita además por los colindantes del predio a deslindar y deberá contener señalados el día, hora y lugar para que dé principio la diligencia de deslinde.

Esta es la ruta crítica:

Cuadro 26

Apeo y deslinde

Escrito	Juez	Diligencia de deslinde
1.El nombre y ubicación de la finca que debe deslindarse; 2.La parte o partes en que el acto debe ejecutarse; 3.Los nombres de las personas colindantes que puedan tener interés en el apeo, así como de las autoridades que puedan tener injerencia en el asunto; El sitio donde están y dónde deben colocarse las señales y si éstas no existen, el lugar donde estuvieron; Los planos y demás documentos que vengan a servir para la diligencia, y designación de perito por parte de la promovente; La designación de un perito para que intervenga en el reconocimiento. Pueden haber testigos de identificación (2) de puntos de deslinde	Admitida la petición se mandará citar a los colindantes para que dentro de tres días presenten los títulos y documentos de su posesión, y nombren perito si quieren hacerlo. Se señalará el día, hora y lugar para que dé principio la diligencia de deslinde.	Juez con secretario Practicará el apeo y deslinde (Acta) Al ir demarcando los límites del fundo deslindado, otorgará posesión a la promovente de las diligencias respecto de la propiedad que quede comprendida dentro de ellos, Si existe oposición de colindantes respecto a un punto determinado,, la autoridad jurisdiccional oirá a los testigos de identificación y a los peritos, e invitará a los interesados a que se pongan de acuerdo Si esto se lograre, se hará constar y se otorgará la posesión según su sentido. Si no se lograre, se abstendrá la autoridad jurisdiccional de hacer declaración alguna en cuanto a la posesión, respetando en ella a quien la disfrute, y mandará reservar sus derechos a quienes tengan interés para que los hagan valer en el juicio correspondiente mediante la resolución correspondiente que se dictare en el plazo de 5 días

5.1.1.3. Designación de Apoyos extraordinarios

Este procedimiento es una de las novedades del CNPCF.

La figura del *apoyo* es un mecanismo que la Convención sobre los Derechos de las Personas con Discapacidad[129] prevé con la finalidad toral de facilitar que la per-

129 https://www.un.org/esa/socdev/enable/documents/tccconvs.pdf

sona con discapacidad pueda hacer efectivos todos sus derechos en condiciones de igualdad con las demás personas y sin discriminación.

El apoyo atiende a la persona en su individualidad considerando su diversidad funcional y las concretas barreras de su entorno, es decir, responde a la condición específica de la persona y al contexto en que desarrolla su vida; de manera que ésta puede requerir diversos tipos de apoyo que, para ser adecuados, habrán de ser diseñados o establecidos conforme a sus propios requerimientos y necesidades, con la intensidad que le permita realizar el derecho para el que requiere el auxilio, y éste puede materializarse a través de personas (familiares, amigos, pares, personas de confianza, profesionales en determinadas materias, grupos especializados), objetos, instrumentos, productos, así como arreglos de distinta índole necesarios para que se desarrolle el apoyo requerido, que reconozcan la interdependencia y la indivisibilidad de los derechos, la presencia de más de una discapacidad, u otras condiciones de vulnerabilidad que converjan en la misma persona, todo ello, a fin de que se le brinde la asistencia que efectivamente necesita.

Un sistema de apoyo para el ejercicio de la capacidad jurídica tiene como propósito fundamental facilitar a la persona con discapacidad la expresión libre y genuina de su voluntad en torno a todos los actos de su vida que puedan tener una trascendencia para el derecho, es decir, en el ejercicio de los derechos y las obligaciones, en la constitución de situaciones o estados jurídicos y en la asunción de deberes de esa índole; particularmente, se alude a las medidas necesarias para ayudar a la persona a que pueda tomar sus propias decisiones y conforme a ellas ejercer su capacidad jurídica al realizar sus derechos en su específica circunstancia de discapacidad, fortaleciendo su autonomía y libre autodeterminación en ese ámbito jurídico.

Este tipo de apoyo, de conformidad con lo dispuesto en el artículo 12.4 de la Convención mencionada,[130] debe respetar los derechos, la voluntad y las preferencias de la persona con discapacidad, evitando el conflicto de interés y la influencia indebida, debe ser proporcional y adaptado a su circunstancia, aplicarse en el plazo

130 *(...) Los Estados Partes asegurarán que en todas las medidas relativas al ejercicio de la capacidad jurídica se proporcionen salvaguardias adecuadas y efectivas para impedir los abusos de conformidad con el derecho internacional en materia de derechos humanos. Esas salvaguardias asegurarán que las medidas relativas al ejercicio de la capacidad jurídica respeten los derechos, la voluntad y las preferencias de la persona, que no haya conflicto de intereses ni influencia indebida, que sean proporcionales y adaptadas a las circunstancias de la persona, que se apliquen en el plazo más corto posible y que estén sujetas a exámenes periódicos por parte de una autoridad o un órgano judicial competente, independiente e imparcial. Las salvaguardias serán proporcionales al grado en que dichas medidas afecten a los derechos e intereses de las personas (...).*

más corto posible y sujetarse a un examen periódico por una autoridad u órgano judicial competente, independiente e imparcial.

De manera que entre sus principales caracteres están que:

1) No puede ser sustitutivo o contrario a la voluntad, pues se requiere el consentimiento de la persona con discapacidad para contar con él, es ésta quien debe planificar, elegir y ejercer el control de su apoyo en forma directa o rechazarlo;

2) Debe permitir a la persona con discapacidad: a) obtener y entender información; b) evaluar las posibles alternativas a una decisión y sus consecuencias; c) expresar y comunicar una decisión; y/o, d) ejecutar una decisión; esto, no mediante el ejercicio de una representación jurídica a cargo de las personas de apoyo que en los hechos permita sustituir materialmente la voluntad de aquélla, sino, se reitera, mediante la asistencia solicitada y consentida por la persona con discapacidad, para adoptar decisiones en el ejercicio pleno y directo de su capacidad jurídica.

Sobre esa base, las funciones o actividades que se asignen a un sistema de apoyo de esa naturaleza deben ser acordes a su finalidad y a los caracteres referidos.[131]

En ese contexto, el CNPCF reconoce que todas las personas mayores de edad tienen capacidad jurídica plena, refiriendo que los códigos civiles respectivos, regularán las modalidades en que las personas puedan recibir apoyo para el ejercicio de su capacidad jurídica, que son formas de apoyo que se prestan a la persona para facilitar el ejercicio de sus derechos, incluyendo el apoyo en la comunicación, la comprensión de los actos jurídicos y sus consecuencias, y la manifestación de la voluntad.

Ese apoyo puede consistir en prestar auxilio a la persona con discapacidad en aspectos relacionados con actos vinculados a sus derechos en materia de salud, por ejemplo, apoyarlo en la toma de decisiones para otorgar un consentimiento pleno, libre e informado para someterse a determinado tratamiento médico (aceptar el consumo de un medicamento o la realización de una cirugía), para celebrar algún contrato en materia de prestación de servicios médicos, o para realizar algún acto jurídico relacionado con la gestión para su acceso a servicios públicos de salud.

[131] Registro digital: 2025605 Instancia: Primera Sala Undécima Época Materia(s): Civil, Constitucional Tesis: 1a./J. 140/2022 (11a.) Fuente: Gaceta del Semanario Judicial de la Federación. Libro 20, diciembre de 2022, Tomo I, página 998 Tipo: Jurisprudencia

Puede ser objeto de apoyo cualquier acto jurídico, incluidos aquellos para los que la ley exige la intervención personal del interesado. Como regla general, nadie puede ser obligado a ejercer su capacidad jurídica mediante apoyos.

No obstante, la autoridad jurisdiccional, en casos excepcionales, puede determinar los apoyos necesarios para personas de quienes no se pueda conocer su voluntad por ningún medio y no hayan designado apoyos ni hayan previsto su designación anticipada.

Esta medida únicamente procederá después de haber realizado esfuerzos reales, considerables y pertinentes para conocer una manifestación de voluntad de la persona, y de haberle prestado las medidas de accesibilidad y ajustes razonables, y la designación de apoyos sea necesaria para el ejercicio y protección de sus derechos. Si se hubiere realizado una designación anticipada de apoyos, se estará a su contenido.

En cuanto a la legitimación para incoar este procedimiento, le asiste a cualquier persona, quien podrá solicitar la designación judicial extraordinaria de apoyo, ante la autoridad jurisdiccional correspondiente; ésta podrá allegarse de la información que estime necesaria con base en:

1. La imposibilidad de conocer la voluntad, preferencias, medio, modo y formato de comunicación;
2. El riesgo para la salvaguarda de los derechos, el patrimonio, la integridad personal o la vida, y
3. La realización de esfuerzos reales, considerables y pertinentes, incluyendo la implementación de ajustes razonables, para que la persona manifestara su voluntad y preferencias, sin que estos resultaran eficaces

El procedimiento para la designación extraordinaria de apoyos se llevará a cabo ante autoridad jurisdiccional civil o familiar, en su caso, en forma sumaria en una audiencia oral.

La autoridad jurisdiccional de manera fundada y motivada, determinará en la resolución la temporalidad, alcances y responsabilidades de la persona designada como apoyo, así como las salvaguardias e informes a la autoridad administrativa competente, que en su caso procedan. La designación judicial de apoyo no puede otorgarse para actos personalísimos. Así lo aclara el dictamen del Senado, en los siguientes términos:[132]

---

132 Senado de la República, Op. cit., p. 85.

> *(...) A diferencia de la designación voluntaria de apoyos, la cual se estima sea la regla general, y que deberá regularse en los respectivos códigos civiles sustantivos de las entidades federativas, la designación extraordinaria de apoyos regulada en este ordenamiento no puede hacerse para actos en los que la ley exija la intervención directa de la persona, por ejemplo, contraer matrimonio, testar, solicitar la disolución del vínculo matrimonial. En términos generales se trataría de actos que no pueden ser delegados mediante un contrato de mandato en la legislación civil.* ***(...)***

La persona judicialmente designada como apoyo tendrá la encomienda de realizar su mandato de acuerdo con la mejor interpretación posible de lo que fuera la voluntad y preferencias de la persona, de conformidad con las fuentes conocidas de información que resulten pertinentes, incluida la trayectoria de vida de la persona, sus valores, tradiciones y creencias, previas manifestaciones de la voluntad y preferencias en otros contextos, información con la que cuenten personas de confianza, y tecnologías presentes o futuras.

La persona designada judicialmente como apoyo está obligada a hacer esfuerzos constantes, dentro de sus posibilidades, durante su encargo para conocer la voluntad y preferencias de la persona apoyada.

5.1.3. PROCEDIMIENTOS CONTENCIOSOS

5.2.4.1. Juicio Ordinario Civil oral

Todas las controversias de naturaleza civil[133] que no tengan señalada tramitación especial en el CNPCF se ventilarán en juicio ordinario civil y se llevarán acabo conforme a las reglas expresadas en Título correspondiente y en lo no previsto, se regirá por las disposiciones generales.

A continuación la ruta crítica:

[133] Por "naturaleza civil", entenderemos aquella que guarda relación con el Derecho civil, o sea, es aquel que regula las relaciones privadas de los ciudadanos entre sí. Se trata del conjunto de normas jurídicas que rigen los vínculos personales o patrimoniales entre personas privadas, ya sean físicas o jurídicas, tanto de carácter privado como público

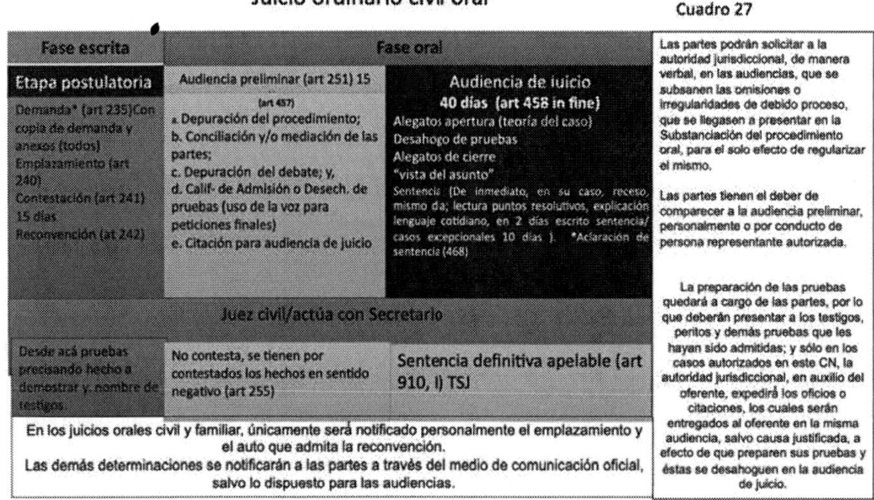

5.2.4.2. Juicio Ejecutivo Civil oral

Procede el juicio ejecutivo en los casos que un documento lleve aparejada ejecución y que contenga obligación cierta, liquida y exigible.

Llevan aparejada ejecución:

1. Los instrumentos públicos, así como los testimonios que de los mismos expidan las y los Corredores Públicos, las y los Notarios Públicos, o la autoridad competente para emitir dichos testimonios;
2. Las ulteriores copias dadas por mandato judicial, con citación de la persona a quien interesa;
3. Los demás instrumentos públicos que conforme al CNPCF prueba plena;
4. Cualquier documento privado después de reconocido por la persona quien lo hizo o lo mandó extender; basta con que se reconozca la firma aun cuando se niegue la deuda;
5. La confesión de la deuda hecha ante la autoridad jurisdiccional competente por la persona deudora;[134]

---

134 Cuando la confesión judicial de reconocimiento de deuda se haga durante la secuela del juicio ordinario, cesará éste si la parte actora lo pidiere y se procederá en la vía ejecutiva. Si la confesión

6. Los convenios celebrados en el curso de un juicio ante la autoridad jurisdiccional, ya sea de las partes entre sí o de terceros que se hubieren obligado como fiadoras, depositarias, o en cualquier otra forma;
7. El estado de liquidación de adeudos por cuotas ordinarias o extraordinarias, intereses moratorios o penas convencionales que se hayan aprobado en la Asamblea General de Condóminos; suscrito por quien tenga a su cargo la Administración o el Comité de Vigilancia o su equivalente, conforme a lo dispuesto en la ley de la materia de cada Entidad Federativa;
8. Los convenios emanados del procedimiento de mediación que cumplan con los requisitos previstos en la Ley de mecanismos alternativos de solución de controversias o de justicia alternativa respectiva y,
9. Los demás a los que se les reconozca ese carácter por la Ley.

Las sentencias que causen ejecutoria y los convenios judiciales, los convenios celebrados ante la Procuraduría Federal del Consumidor, así como los celebrados ante la Procuraduría Social o Institución autorizada de la Entidad Federativa correspondiente, los convenios emanados del procedimiento de mediación, incluidos los de mediación comunitaria de cada Estado, que cumplan con los requisitos previstos en la Ley de Justicia Alternativa o la legislación respectiva que señale la autoridad jurisdiccional o Poder Judicial de las diversas entidades, los convenios celebrados ante Juzgado Cívico o su análogo tratándose de daños culposos causados con motivo del tránsito de vehículos, los convenios de transacción, los laudos que emitan las propias Procuradurías antes mencionadas y los laudos arbitrales o juicios de contadores, motivarán ejecución, si la persona interesada no intentare la vía de apremio.

A continuación la ruta critica procesal:

sólo afecta a una parte de lo demandado en el juicio oral civil, procederá la vía ejecutiva únicamente por lo reconocido si la actora lo pidiere así. El resto de las obligaciones no reconocidas seguirán el juicio ordinario civil.

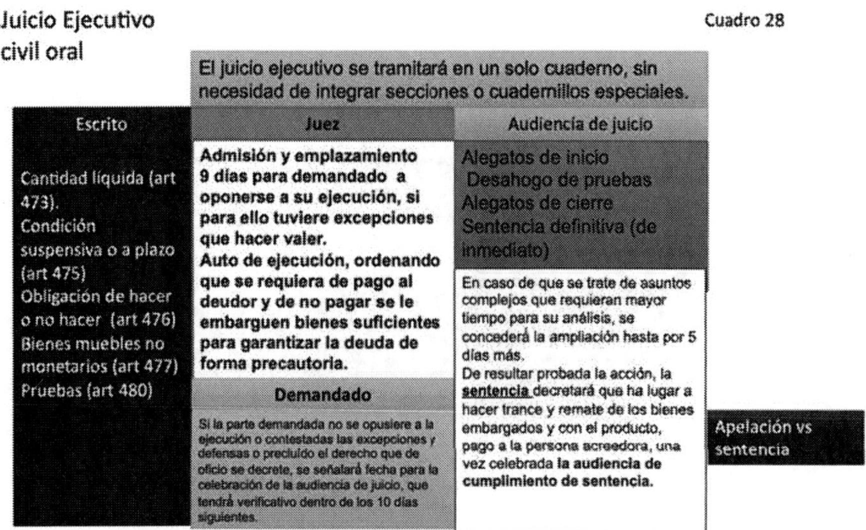

5.2.4.3. Tercerías

Tercería es la acción que deduce un tercero en un procedimiento previamente instaurado entre dos o más personas, con el objeto de coadyuvar o adherirse a las acciones del demandante o a las excepciones del demandado, o para excluir los derechos de ese tercero.

En un juicio previamente instaurado y seguido por dos o más personas, puede uno o más terceros, con intereses distintos de las partes, presentarse a deducir una acción distinta de la que se debate entre aquellos, tercero que debe fundar su acción y presentar los documentos que tenga relación con la *litis* planteada en el juicio principal, sin los cuales se desechará de plano. Este nuevo litigante se llama tercer opositor.

Las cuestiones de tercerías deben substanciarse y decidirse por la autoridad jurisdiccional que sea competente para conocer del asunto principal.

Toda tercería deberá deducirse en los términos prescritos para formular una demanda ante la autoridad jurisdiccional que conoce del juicio y se tramitará conforme a las formalidades del procedimiento en el que se promueva.

Especies de Tercerías

Cuadro 29

Tercerías

Coadyuvantes

En cualquier juicio, sea cual fuere la acción qee en él se ejercite y cualquiera que sea el estado en que éste se encuentre, con tal que aún no se haya pronunciado sentencia definitiva.

Excluyentes

En todo procedimiento, cualquiera que sea su estado, con tal de que, si son de dominio, no se haya dado posesión de los bienes a quien haya adquirido por remate o a la parte actora, en su caso, por vía de adjudicación, y que, si son de preferencia, no se haya hecho el pago al demandante.

- Dominio
- Preferencia

Tercería coadyuvante

Cuadro 30

Escrito	Juez	Audiencia de juicio	
	Se correrá traslado a la parte actora y demandada, para que contesten en el plazo de nueve días; Vista de contestación a tercerista para que en 3 días manifieste En los escritos citados se deberán ofrecer las pruebas, En caso de ***no contestar la demanda***, contestadas las excepciones y defensas o precluido el derecho para ello, Juez señala fecha para la celebración de una audiencia de juicio, dentro de los 15 días i Si la actora y la demandada en el principal se allanaren a la demanda de la tercería, la autoridad jurisdiccional, sin más trámites, dictará sentencia escrita en 5 días. Lo mismo será cuando AMBAS no contesten.	Alegatos de inicio, Desahogo de pruebas Alegatos de cierre Dictado de sentencia En lo no previsto se estará a las reglas para la audiencia de juicio, en el procedimiento ordinario civil oral.	Apelación vs sentencia

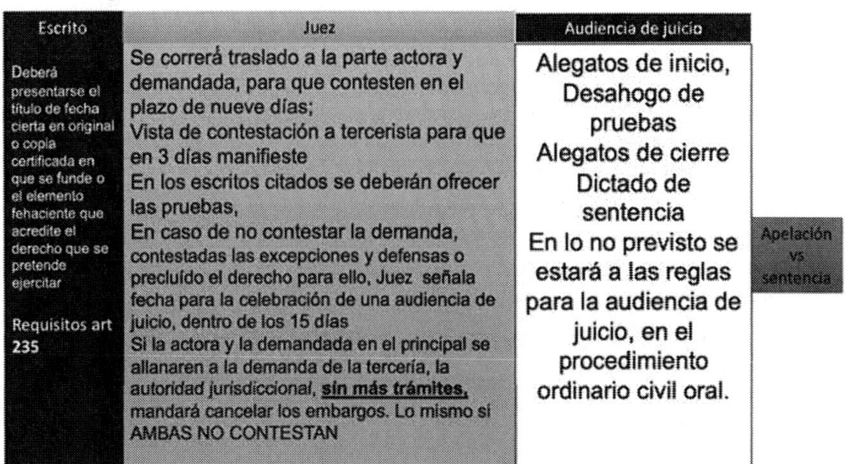

5.2.4.4. Juicio Especial Hipotecario oral

Se tramitará en la vía especial hipotecaria oral todo juicio que tenga por objeto la constitución, ampliación, división, registro y extinción de una hipoteca, así como su nulidad, cancelación, o bien, el pago o prelación del crédito que la hipoteca garantice.

Dispone en CNPCF que será requisito indispensable que el crédito conste en documento público o privado, según la forma que establezca la legislación común que corresponda, e inscrito en el Registro, Oficina o Instituto Público Registral de la Propiedad que corresponda y que sea de plazo cumplido, o que éste sea exigible en los términos pactados o bien conforme a las disposiciones legales aplicables.

Al respecto conviene precisar que el CNPCF no establece causales de vencimiento anticipado, como si lo hace, por ejemplo el CPCY, que en su artículo 585 dispone que:

> *(...) Por la falta de pago de dos mensualidades consecutivas de intereses, procederá también el juicio hipotecario en cobro del capital mutuado, intereses y costas, aunque no esté vencido el plazo; pero el deudor podrá revalidar la hipoteca pagando, dentro de los seis días siguientes a la notificación de la demanda, los intereses reclamados y las costas (...).*

De tal forma que desaparece pues, la figura de la revalidación de la hipoteca, y habrá de estarse a las cláusulas contractuales respectivas y a lo que en su caso, dispongan los Códigos Civiles respecto del vencimiento anticipado.

Llama poderosamente la atención la parte final del artículo 2067 del CCY que expresa lo siguiente:

> *(...) Sin el consentimiento del acreedor hipotecario no podrá el dueño del predio hipotecado dar éste en arrendamiento por más de un año, ni contratar el anticipo de rentas, bajo pena de nulidad del contrato. Cualquiera otra cláusula que restrinja los derechos del deudor sobre el inmueble o cuya infracción produzca el efecto de dar por vencida anticipadamente la obligación que garantiza la hipoteca, se tendrá por no puesta (...).*

Tal pareciera ser que, a pesar de la aparente apertura del CNPCF a la voluntad de los contratantes para determinar las causales de vencimiento anticipado, la legislación yucateca (a la que remite el Código Nacional) restringe las causas legales y contractuales de anticipación y cobro privilegiado, sosteniendo que cualquier otra cláusula diferente a los eventos contenidos en dicho artículo, se tendrá por no puesta.

En esas condiciones el legislador local tendrá que reformar el Código Civil, a fin de adecuarlo al CNPCF, pues de lo contrario podrían haber dificultades en la recuperación de esta especie de crédito

Así pues, las legislaciones locales suelen definir a la hipoteca como un derecho real que se constituye sobre bienes inmuebles o derechos reales, para garantizar el cumplimiento de una obligación y su preferencia en el pago. De esta manera, los bienes hipotecados quedan sujetos al gravamen impuesto, aunque pasen a poder de tercero.

En cuanto a sus formalidades, por ejemplo, el Código Civil del Estado de Yucatán establece las siguientes:

- La hipoteca debe ser constituida en escritura pública ante notario público (artículo 2073 CCY);
- Deberá constar en la escritura pública la hora en que se firmó, bajo pena de nulidad y pago de daños y perjuicios (art. 2074 CCY);
- La hipoteca no producirá efecto alguno legal sino desde la fecha y hora en que fuere debidamente registrada (Art. 2095 CCY); y
- En los casos que se otorguen escrituras públicas en las que se constituya hipoteca, el fedatario público ante quien haya de otorgarse recabará previamente el certificado del registro público en el que consten los gravámenes o restricciones a la libertad de la finca que va a hipotecarse. Los certificados no deberán ser anteriores en más de quince días hábiles a la fecha del acta notarial o escritura pública (artículo 2099 CCY).

Otra disposición que conviene destacar, es el artículo 507 del CNPCF, el cual establece la procedencia del juicio hipotecario oral que tiene por objeto el pago o la prelación de crédito, sin necesidad de que el contrato esté inscrito en el Registro, Oficina o Instituto Público respectivo, cuando:

1. El documento base de la acción tenga carácter de título ejecutivo;
2. El bien se encuentre inscrito a favor de la persona demandada, y
3. No exista embargo o gravamen en favor de terceras personas, inscrito cuando menos noventa días anteriores a la de la presentación de la demanda.

Ello sería una excepción a la formalidad del Registro, como *conditio sine qua non* de validez, conforme al articulo 2095 del CCY y normas afines de otras entidades federativas.

A continuación, la ruta crítica del procedimiento:

Cuadro 32

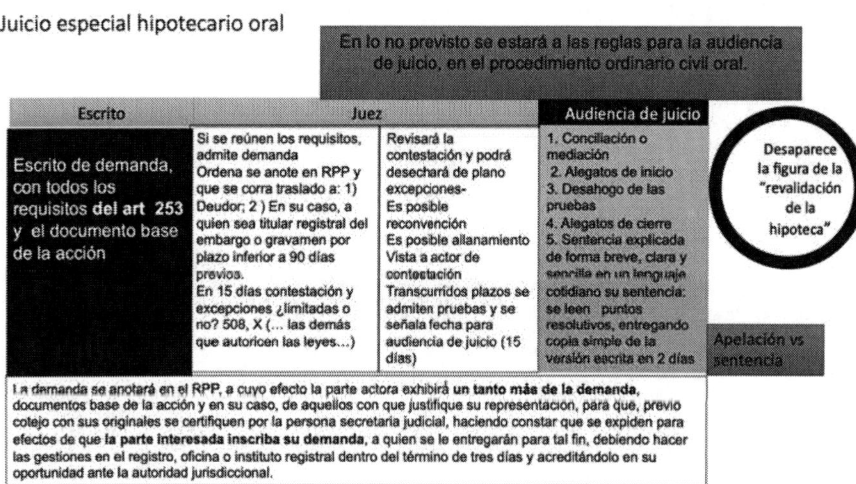

5.2.4.5. Juicio Especial de Arrendamiento Inmobiliario oral

Las legislaciones estatales denominan arrendamiento al contrato por el que una persona concede a otra el uso o el goce temporal de una cosa mediante un precio cierto, aun cuando a este contrato las partes le dieren cualesquiera otras denominaciones.

Así pues, serán susceptibles de arrendamiento todos los bienes que pueden usarse sin consumirse, excepto aquellos que la ley prohíbe arrendar y los derechos estrictamente personales.

El arrendamiento puede hacerse por el tiempo y el precio que convengan los contratantes y debe constar por escrito, sea cual fuere la cuantía de la renta anual, según el artículo 1573 del CCY, en documento ante notario público.

Vencido un contrato de arrendamiento, tendrá derecho el inquilino, siempre que esté al corriente en el pago de las rentas, a que se le prorrogue hasta por un año ese contrato. En este caso, el arrendador tendrá derecho de aumentar la renta anterior en un porcentaje igual al que se haya incrementado ese año la unidad de medida y actualización, esto acorde al artículo 1613 del CCY.

En atención a ello, el CNPCF propone un enjuiciamiento en materia de arrendamiento inmobiliario, que diverge del denominado *Juicio extraordinario de* arrendamiento que contempla el CPCY; ello en virtud de que la legislación yucateca prevé tres acciones y por ende, tres especies de procedimientos; a saber:

1. Falta de pago de rentas;
2. Cumplimiento de plazo (original o prórroga); y
3. Rescisión.

Además, el CPCY no admite en este juicio la reconvención.

Para efectos ilustrativos se presenta el siguiente esquema derivado del CPCY:

Ahora bien, el Juicio Especial de Arrendamiento Inmobiliario Oral contemplado en el CNPCF, no establece distinción procesal alguna en relación con la especie de acción de arrendamiento ejercitada, admite la reconvención, e incluso, contempla la posibilidad de despachar embargo por falta de pago de rentas.

A continuación la ruta crítica respectiva:

Cuadro 34

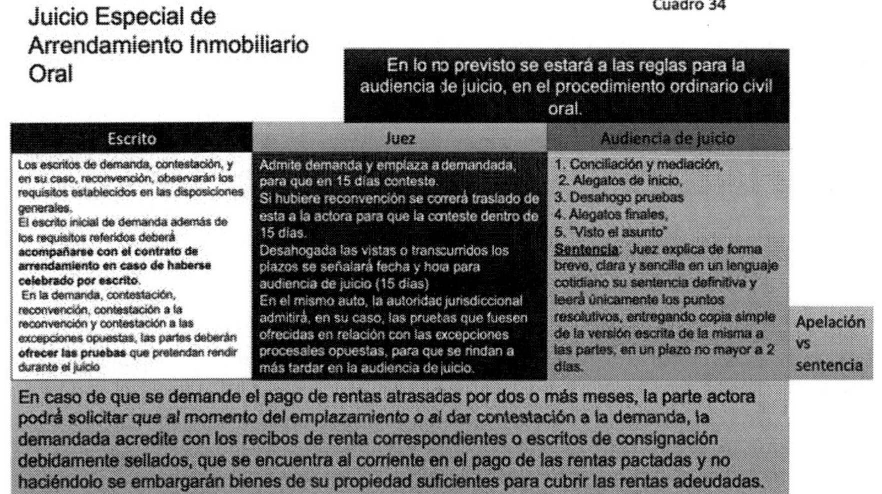

5.2.4.6. Procedimiento Especial de Inmatriculación Judicial oral

Por inmatriculación se entiende la inscripción de la propiedad de un inmueble en el Registro Público, que carece de antecedentes registrales;[135] las leyes estatales suelen diferenciar entre inmatriculación judicial e inmatriculación administrativa.

---

[135] Artículo 4, fracción XII, de la Ley que crea el Instituto de Seguridad Jurídica Patrimonial del Estado de Yucatán.

Por ejemplo, en tratándose del Estado de Yucatán,[136] el interesado en la Inmatriculación podrá optar por obtenerla mediante resolución judicial o a través de resolución administrativa, en los siguientes términos:[137]

a) La inmatriculación por resolución judicial, podrá obtenerse a través de:

- Juicio de prescripción positiva,[138] o

---

[136] Un antecedente en el Estado de Yucatán, se observa en Decreto 434 publicado en el DOGEY con fecha 13 de mayo de 1981, a través del cual se pretendió la protección de los derechos de las clases marginadas, que posean un sólo solar familiar, sin título, y que se conduzcan como dueños en forma pacífica y pública, estableciendo el derecho de estas sobre aquellos inmuebles no inscritos en las Oficinas del Catastro y del Registro Público de la Propiedad del Estado, de regularizarlos, mediante un procedimiento que se sujeta a las reglas del propio Decreto y del Libro Tercero, Titulo Único, Capítulos I y X del Código de Procedimientos Civiles de Yucatán, que precisan tanto la admisión de cualesquiera documentos, como la obligación de justificar algún hecho o acreditar un derecho, y cuya superficie ocupada no exceda de dos mil quinientos metros cuadrados, en términos de lo dispuesto por el artículo 93 de la Ley de la Reforma Agraria, vigente en la época del decreto estatal antes mencionado. Para decretar la procedencia de esas diligencias, no bastaba con la información testimonial propuesta y demás requisitos que el propio decreto determinó, sino que además, los documentos expedidos por el Registro Público de la Propiedad del Estado, el Catastro del Estado, el Registro Agrario Nacional, y la Secretaría de la Reforma Agraria, u otro documento análogo, que acreditara la identidad del inmueble cuya regularización se pretende, con el objeto de que no sean confundidos ni que afecten otros bienes raíces; señalando a este respecto sus características físicas, superficies, linderos, ubicación u otras circunstancias particulares, junto con los planos respectivos. Por tanto, la autoridad judicial, antes de resolver sobre la procedencia de la regularización instada, debía cerciorarse de que se cumplieron los requisitos antes mencionados, y declarar que el inmueble está plenamente identificado e individualizado, que no se encontraba inscrito en ninguna de las oficinas registrales antes mencionadas y que era el mismo que motivó el derecho pretendido. Véase: PO.SCF.30.013.Civil REGULARIZACIÓN DE LA TENENCIA DE INMUEBLES PREVISTA EN EL DECRETO 434 PUBLICADO EN EL DIARIO OFICIAL DEL GOBIERNO DEL ESTADO DE YUCATÁN, CON FECHA 13 DE MAYO DE 1981. REQUISITOS DE PROCEDIBILIDAD. Sala Colegiada Civil y Familiar del Estado de Yucatán. https://www.poderjudicialyucatan.gob.mx/digestum/marcoLegal/07/2013/DIGESTUM07113.pdf

[137] Ley que crea el Instituto de Seguridad Jurídica Patrimonial del Estado de Yucatán (LINSEJUPY), artículos 89-105, DOGEY 19 de julio de 2011.

[138] El artículo 93 de la LINSEJUPY es del siguiente tenor: *(...) El que haya poseído bienes inmuebles por el tiempo y con las condiciones exigidas para prescribirlos, establecidas en el Código [Civil del Estado de Yucatán] y no tenga documento de propiedad o teniéndolo no sea susceptible de Inscripción por defectuoso, podrá ocurrir ante el juez competente para acreditar la prescripción positiva, rindiendo la información respectiva, en los términos de las disposiciones aplicables del Código de Procedimientos Civiles del Estado de Yucatán. Comprobados debidamente los requisitos de la prescripción, el Juez declarará que el poseedor se ha convertido en propietario en virtud de la prescripción y tal declaración se tendrá como Título de propiedad y será inscrita en el Registro Público (...).*

- Diligencias de información judicial.[139]

b) Si es inmatriculación por resolución administrativa, podrá adquirirse por:

- La Inscripción del decreto o del acuerdo según se trate, por el que se autoriza la enajenación del inmueble y el Título expedido con base al decreto, o
- Por medio de la solicitud de la parte interesada acompañada de la documentación en la que conste que los inmuebles fueron registrados únicamente en el Departamento del Catastro del Estado antes del primero de agosto de 1961.

En ambos casos, es requisito previo que el Catastro correspondiente y el Registro Público, emitan las constancias conducentes y un certificado para acreditar que el bien de referencia no está inscrito en el Registro Público, respectivamente.

Así pues, el CNPCF regula el procedimiento de inmatriculación judicial, que será oral y diferente a un juicio de usucapión o de las denominadas diligencias de información judicial que contempla en el ejemplo citado, la legislación yucateca, razón por la cual habrá de revisarse en cada entidad federativa la normatividad conducente a fin de articularla con la nueva normatividad.

Aquí la ruta crítica respectiva:

139 El artículo 94 de la LINSEJUPY, refiere: *(...) Las personas que posean inmuebles como propietarios sin Título legal alguno, podrán regularizar la tenencia de los mismos mediante diligencias de información judicial que serán procedentes cuando el promovente acredite todos los requisitos siguientes: I. Se trate de inmuebles no inscritos en el Catastro Estatal o Municipal, que corresponda, ni del Registro Público; II. Los terrenos no sean nacionales, ejidales o comunales, ni del fundo legal; III. Que no sean propietarios de ningún otro predio; IV. Que justifique la posesión con la conformidad de los colindantes y de cuando menos diez vecinos de la población de la localidad en donde esté ubicado el inmueble; V. La autoridad municipal del lugar donde se ubique el inmueble certifique la vecindad del promovente, y VI. El interesado acredite, por medio de testigos idóneos en los términos del Código de Procedimientos Civiles del Estado de Yucatán, que posee el inmueble a título de propietario cuando menos los últimos cinco años, de forma ininterrumpida, pacífica, continua y pública (...).*

Cuadro 35

Inmatriculación judicial oral

Escrito	Juez	Audiencia de juicio	
Indicar: Origen de la posesión; en su caso, nombre de la persona de quien se obtuvo; nombre y domicilio del causahabiente de aquélla; ubicación precisa del bien, medidas y colindancias; nombre y domicilio de colindantes, y nombre de 3 testigos. **Adjuntar:** Plano descriptivo Plano catastral (no + 6 meses) Certificado de no inscripción	1. Ordena publicar **edictos**. **2. Fijación de anuncio** en inmueble. 3. **Traslado** a: a) Aquel de quien se obtuviera la posesión de quien promueve o su causahabiente si fuere conocido; b) MP c) Colindantes d) Instituto de Administración y avalúos de bienes nacionales o dependencia de gobierno similar en las entidades, y d) Al RAN Producida la contestación y desahogadas las excepciones y defensas, en dichos escritos se ofrecerán las pruebas objeto de debate y se procederá a señalar la fecha y hora para celebración de la audiencia de juicio. (30 días)	La audiencia se llevará a cabo con o sin la asistencia de las partes emplazadas. En caso de inasistencia sin justa causa del promovente, se sobreseerá el procedimiento (sic) En todo lo no previsto se estará a las disposiciones del juicio ordinario civil oral.	Apelación vs sentencia

5.2.4.7. *Juicio arbitral*

El acuerdo de arbitraje es un convenio, por el que las partes deciden someter a arbitraje todas o ciertas controversias que hayan surgido o puedan surgir entre ellas respecto de una determinada relación jurídica, contractual o no. El acuerdo de arbitraje podrá adoptar la forma de una cláusula compromisoria incluida en un contrato o la forma de un acuerdo independiente.

No podrán ser materia de arbitraje:

- El derecho de recibir alimentos, lo concerniente al régimen de convivencia, guarda y custodia y demás derechos de NNA;
- Los divorcios, excepto la separación de bienes, la liquidación y disolución de la sociedad conyugal y las demás diferencias de naturaleza pecuniarias;
- Las acciones de nulidad de matrimonio;
- Los concernientes al estado civil de las personas, con las excepciones contenidas en el Código Civil o Familiar de cada entidad federativa que así lo determine; y,
- Los demás en los que lo prohíba expresamente la Ley.

Las partes tendrán libertad para convenir las reglas del procedimiento a que se haya de ajustar el árbitro en sus actuaciones, a menos de que se trate de un arbitraje institucionalizado.[140]

A falta de acuerdo sobre las reglas y siempre que no se trate de un arbitraje institucionalizado, se aplicarán las disposiciones del Reglamento de Arbitraje de la Comisión de las Naciones Unidas para el Derecho Mercantil Internacional.[141]

---

[140] Es aquel en el cual las partes pactan que el arbitraje se llevará a cabo de acuerdo a las normas de procedimiento de un determinado centro de arbitraje. Por ejemplo, el Centro de Arbitraje de México (CAM). Véase: https://camex.com.mx/

[141] El Reglamento de Arbitraje de la CNUDMI consta de una amplia gama de normas procesales en las que las partes pueden convenir para la sustanciación de procedimientos arbitrales que se entablen a raíz de sus relaciones comerciales, y que se utilizan ampliamente en arbitrajes *ad hoc*, así como en arbitrajes administrados por instituciones. Los artículos del Reglamento rigen todos los aspectos del proceso arbitral, contienen una cláusula modelo de arbitraje, regulan el nombramiento de los árbitros y la sustanciación de los procedimientos arbitrales y establecen normas sobre la forma, el efecto y la interpretación del laudo. Actualmente existen cuatro versiones distintas del Reglamento de Arbitraje: i) la versión de 1976; ii) la versión revisada en 2010; y iii) la versión de 2013, que incluye el Reglamento de la CNUDMI sobre la Transparencia en los Arbitrajes entre Inversionistas y Estados en el Marco de un Tratado y (iv) la versión de 2021 que incorpora el Reglamento de Arbitraje Acelerado de la CNUDMI. Véase: https://uncitral.un.org/es/texts/arbitration/contractualtexts/arbitration

Capítulo 6
LOS PROCEDIMIENTOS FAMILIARES

Una innovación más es que podrá acudirse ante la autoridad jurisdiccional en materia familiar no solamente a través de la forma escrita tradicional, sino también por comparecencia, para constituir, declarar, preservar o restituir derechos, únicamente precisando los hechos en que se funde la pretensión, lo cual dota de una auténtica oralidad a ese ámbito del Derecho.

Asimismo, podrán solicitarse las medidas provisionales que se estimen necesarias. Las partes deberán presentar desde la primera actuación las documentales que soporten su pretensión o excepción y ofrecer los medios de prueba que estimen oportunos.

Los procedimientos en materia familiar son de orden público, corresponde a las autoridades jurisdiccionales intervenir de oficio en los asuntos que afecten los derechos de las personas que pertenezcan a grupos sociales que se encuentren en situación de vulnerabilidad.

En tal contexto, el juzgador tendrá los siguientes deberes:

- Fundar y motivar sus resoluciones, de modo que estas se deduzcan lógicamente de los hechos, pruebas y leyes que les sirvan de antecedentes;
- Procurar la preservación de los vínculos familiares, sin que ello implique una vulneración a los derechos de las personas involucradas en la controversia;
- Informar de los derechos que le asisten a la persona en su primera comparecencia ante la autoridad jurisdiccional
- Valorar que los acuerdos propuestos por las partes no afectan derechos irrenunciables o propicien una segunda victimización;
- Suplir la deficiencia procesal

- Solicitar la intervención del Ministerio Público o representación social que corresponda.
- Para el esclarecimiento de la verdad de los hechos controvertidos, la autoridad jurisdiccional podrá ordenar la admisión de cualquier prueba oficial o privada y su desahogo podrá decretarse de manera anticipada.

A su vez, se le exigirá a las partes:

- A facilitar la inspección o reconocimiento ordenados por la autoridad jurisdiccional y exhibir los documentos que tengan en su poder y se relacionen con el proceso apercibidos que de no hacerlo sin justa causa se le tendrían por ciertos los hechos que se pretendan probar con ello.
- A facilitar el examen de las condiciones físicas o mentales de una persona, o a proporcionar muestras orgánicas o biológicas, para la obtención de la verdad o resolución del conflicto; apercibiéndoles de que se tendrán por ciertas las afirmaciones de la contraparte si no cumplen con estas obligaciones, salvo prueba en contrario.

La admisión de hechos por las partes y el allanamiento de estos sólo vinculan a la autoridad jurisdiccional, cuando no se afecten los derechos de NNA, tratándose de violencia familiar, sexual o contra la mujer.

Cuando se trate de un delito sexual, la autoridad jurisdiccional estará obligada a dar parte al ministerio público, deberá salvaguardarse la integridad y apegarse al principio del interés superior de NNA de manera inmediata.

Llama la atención la reglamentación de la *violencia vicaria*, entendida como: *(...) la violencia ejercida contra las mujeres a través de sus hijos*[142] *(...).* A fin de no incurrir en violencia institucional, la autoridad jurisdiccional deberá intervenir de oficio.

Algunos estados de la República, como Yucatán, han incorporado en su legislación interna a esa especie de violencia, como delito en sus Códigos Penales[143] o

---

142 Artículo 554 CNPCF.

143 Código Penal del Estado de Yucatán, Capítulo VIII. Violencia Vicaria contra la Mujer. Artículo 230 Bis: *(...) Comete el delito de violencia vicaria, el o la cónyuge; la concubina o concubinario, o la persona que mantenga o haya mantenido una relación de hecho, de pareja o similares de afectividad con la víctima, aún sin convivencia, que ejerza por sí misma o por interpósita persona, cualquier acto u omisión intencional contra una mujer, utilizando como medio a las hijas e hijos, familiares, personas mayores de sesenta años de edad, con discapacidad, mascotas o bienes de la víctima, para causarle algún tipo de daño o afectación psicoemocional, física, económica, patrimonial o de cualquier tipo tanto a la víctima como a quienes fungieran como medio (...).*

como ilícito familiar, en sus leyes de acceso a las mujeres a una vida libre de violencia.[144] Es una marcada tendencia considerar que en esta tipología de violencia, desde la expresión literal normativa, únicamente la mujer podría ser la víctima. No obstante, quien redacta las presentes líneas discrepa al respecto, toda vez que la realidad demuestra que también los varones pueden padecerla, ya sea por conflictos entre parejas heterosexuales como en disputas entre parejas del mismo sexo.

Por ende, en el tema familiar podría hacerse una interpretación conforme y aplicar la norma con perspectiva de género, leyendo donde dice "contra las mujeres", la frase "contra las personas".[145]

No obstante, esa especie de interpretación[146] no tendría cabida en lo que respecta al delito, por el principio de reserva de la ley penal contenido en el párrafo tercero del artículo 14 Constitucional.[147]

---

144 Ley de Acceso de las Mujeres a una Vida Libre de Violencia del Estado de Yucatán. Artículo 6. Tipos de violencia. Violencia vicaria: *(...) Todo acto u omisión intencional cometido contra una mujer, que ejerce la persona que mantenga o haya mantenido una relación con ella, ya sea de hecho, de pareja o similares de afectividad, aún sin convivencia y que por sí misma o por interpósita persona, utilice como medio a las hijas e hijos, familiares, personas mayores de sesenta años de edad, con discapacidad, mascotas o bienes de la víctima, para causarle algún tipo de daño o afectación psicoemocional, física, económica, patrimonial o de cualquier tipo tanto a la víctima como a quienes fungieran como medio(...).*

145 Véase la tesis de rubro "JUZGAR CON PERSPECTIVA DE GÉNERO. PARA EMPLEAR ESTE MÉTODO NO ES INDISPENSABLE QUE LA PARTE INTERESADA EN LA CONTROVERSIA SEA UNA MUJER, NI QUE DEBA GENERARLE UN BENEFICIO". Registro digital: 2025120 Instancia: Tribunales Colegiados de Circuito Undécima Época, Materia(s): Constitucional, Penal Tesis: II.4o.P.38 P (10a.) Fuente: Gaceta del Semanario Judicial de la Federación. Libro 16, agosto de 2022, Tomo V, página 4463 Tipo: Aislada.

146 Véanse las tesis de rubro "INTERPRETACIÓN CONFORME. NO LA CONSTITUYE LA DELIMITACIÓN DEL ALCANCE Y CONTENIDO DE UN ELEMENTO NORMATIVO DEL TIPO PENAL QUE SE REALIZA DESDE UN ÁMBITO DE LEGALIDAD". Registro digital: 2011880
Instancia: Primera Sala, Décima Época Materia(s): Penal Tesis: 1a. CLXXIII/2016 (10a.) Fuente: Gaceta del Semanario Judicial de la Federación. Libro 31, junio de 2016, Tomo I, página 696, Tipo: Aislada. Y: "NORMAS PENALES. AL ANALIZAR SU CONSTITUCIONALIDAD NO PROCEDE REALIZAR UNA INTERPRETACIÓN CONFORME O INTEGRADORA". Registro digital: 167445 Instancia: Pleno Novena Época Materia(s): Constitucional, Penal Tesis: P./J. 33/2009
Fuente: Semanario Judicial de la Federación y su Gaceta. Tomo XXIX, abril de 2009, página 1124 Tipo: Jurisprudencia.

147 (...) *En los juicios del orden criminal queda prohibido imponer, por simple analogía, y aún por mayoría de razón, pena alguna que no esté decretada por una ley exactamente aplicable al delito de que*

En otro tema, se regulan los *ajustes razonables pro* NNA.

En tratándose de trámites en los que se encuentren involucrados los derechos de aquéllos, la autoridad jurisdiccional, proveerá al efecto y de manera inmediata los ajustes razonables que se requiera en debida observancia del principio del interés superior, de conformidad con lo siguiente:

+ Actuar más allá de la demanda puntual que se le presenta cuando esto sea en aras del interés superior.

+ Priorizar el derecho a la protección especial, contra toda forma de sufrimiento, abuso o descuido, incluidos el físico, psicológico, mental y emocional; así como priorizar el desarrollo integral en un ambiente sano y libre de violencia.

+ Atender las características, condiciones específicas y necesidades de cada NNA con base en el principio de no discriminación.

+ Deberá cerciorarse de la necesidad de la admisión de la declaración testimonial de NNA, con base en el principio de mínima intervención, a fin de evitar prácticas o procedimientos que causen estrés psicológico.

+ Evitar demoras prolongadas o innecesarias en las diligencias en las que intervengan, así como la formulación de requerimientos legales que pueden resultar intimidantes

+ No hacer pública la información sobre NNA involucrados en los trámites judiciales.

+ Los NNA, tienen derecho a expresar sus opiniones libremente sobre las decisiones que le afecten, incluidas las adoptadas en el curso de cualquier proceso, y que esos puntos de vista serán tomados en consideración por la autoridad jurisdiccional atendiendo a su edad, madurez y evolución de su capacidad, el acto procesal mediante el que sea escuchado su parecer no estará sujeto a contradicción.

+ En todos los asuntos que estén involucrados derechos de NNA estos podrán ser escuchados por la autoridad jurisdiccional, en audiencia videograbada.[148]

---

se trata (...).

148 La autoridad jurisdiccional deberá seguir las siguientes pautas: Que la comparecencia no se lleve a cabo en un ambiente hostil; Asegurar que esté presente un equipo interdisciplinario, formado por: una persona profesional en psicología, preferentemente con especialidad en desarrollo infantil, una persona Agente del Ministerio Público y una que se designe para el desahogo de la actuación, persona tutora especial que deberá de pertenecer al Sistema al Desarrollo Integral de la Familia o a la Procuraduría de Protección de NNA; La entrevista con NNA, está exceptuada de contradicción y debe ser resguardada en absoluta discrecionalidad, atendiendo a los princi-

+ La autoridad jurisdiccional señalará fecha y hora para la celebración de la comparecencia, y requerirá a quien ejerza la guarda y custodia o cuidado del NNA para que lo presenten al desahogo de la comparecencia, con el apercibimiento de que en caso de incumplimiento se les impondrá la medida de apremio que la autoridad jurisdiccional estime conducente.

+ Los datos proporcionados en la comparecencia serán tomados en consideración por la autoridad jurisdiccional atendiendo a la edad, madurez y contexto social y familiar del NNA, así como las pruebas periciales en materia de psicología que para tal efecto se recaben. La admisión de estos medios de prueba podrá decretarse de manera anticipada.

+ Cuando la persona que tenga a su cuidado al NNA se niegue a presentarlo a la audiencia señalada para su comparecencia, alegando cualquier causa, se harán efectivos los apercibimientos decretados con anterioridad, y de considerarse viable se señalará nuevo día y hora dentro del término de 20 días en el que la autoridad jurisdiccional, el MP y demás personas que deban intervenir, se trasladen al domicilio donde habita el NNA para llevar a cabo la diligencia referida, en su caso.

+ Para el caso de oposición o impedimento del desarrollo de la audiencia, la autoridad jurisdiccional dará vista al Ministerio Público para que proceda conforme a sus atribuciones y para los efectos legales conducentes. La autoridad jurisdiccional podrá adoptar las medidas de protección para NNA que estime pertinentes, siempre con base en el principio del interés superior de la infancia y de acuerdo al Protocolo para juzgar con perspectiva de infancia y adolescencia de la Suprema Corte de la Justicia de la Nación.[149]

---

pios de confidencialidad y privacidad que les asisten a los NNA, se llevará a cabo sin la presencia de sus progenitores o tutores; En los casos en los que el NNA requiera el apoyo de una persona familiar o profesional de su confianza podrá acompañarle, particularmente cuando se trate de violencia sexual infantil, ya que sólo con auxilio de sus progenitores o terapeutas suelen revelar la violencia, y dichas diligencias serán video grabadas para evitar la repetición y revictimización en el proceso de NNA.

149 https://www.scjn.gob.mx/derechos-humanos/sites/default/files/protocolos/archivos/2022-02/Protocolo%20para%20juzgar%20con%20perspectiva%20de%20Infancia%20y%20Adolescencia.pdf

6.1. ALIMENTOS

Se disponen en el CNPCF pautas generales de actuación por parte de la autoridad jurisdiccional o ruta a seguir, en cualquier asunto de índole familiar en donde se verifique una petición alimentaria. No es un procedimiento en sí mismo.

En efecto, en cualquier asunto de índole familiar en que se reclamen alimentos, si la autoridad jurisdiccional considera acreditada la obligación alimentaria, dictará el auto admisorio a más tardar al día siguiente en que haya recibido el escrito respectivo, fijando una pensión alimenticia provisional y dará aviso sin demora a la persona física o moral de quien perciba el ingreso la persona deudora alimentista, para que lleve a cabo el descuento y haga entrega de la cantidad al acreedor alimentario e informe sobre el total de sus percepciones.

Es decir, en principio se abrevian los plazos para emitir el primer auto (por lo general de 3 días, Art. 174 CNPCF).

La orden de descuento de los alimentos y el informe solicitado se atenderá de inmediato por la parte responsable de la fuente de trabajo, suministrando los datos exactos dentro del termino de 3 días, con el apercibimiento que de no hacerlo se le aplicará una multa de hasta doscientas Unidades de Medida y Actualización, además de responder solidariamente con la persona obligada directa, de los daños y perjuicios que cause a la parte acreedora alimentaria por sus omisiones o informes falsos.

Ahora bien, cuando no se acredite la capacidad económica de la persona deudora alimentista, en atención a las circunstancias especiales del caso, el artículo 564 del CNPCF, establece que la pensión alimenticia se fijará en salarios mínimos en la zona económica que corresponda, sin que pueda ser inferior a uno. Esta regla deberá de ser compaginada con otras contenidas en las legislaciones sustantivas estatales, por ejemplo, la que contempla el artículo 37 del CFY, a referir que (...) *Cuando no sean comprobables el salario o los ingresos del deudor alimentario, el juez debe fijar que la pensión alimenticia se proporcione con base en la capacidad económica y el nivel de vida que el deudor alimentario y sus acreedores alimentarios, hayan llevado habitualmente durante los últimos dos años (...).*

En caso de trabajadores independientes, refiere el artículo 565 del CNPCF, que se ordenará requerir[150] a la parte deudora alimentista sobre el pago inmediato de la

[150] Dispone el artículo 194 *in fine* del CNPCF que el requerimiento es: *(...) es el medio a través del cual la autoridad jurisdiccional conmina a las partes o a terceros, para que cumplan con un mandato judicial (...).*

pensión provisional, con el apercibimiento de embargo, bienes de su propiedad que garanticen su cumplimiento.

El importe de la medida de alimentos provisionales podrá ser revisada a instancia de parte por la vía incidental e incluso oficiosamente en la audiencia preliminar del juicio oral.

Este sistema, en una primera apreciación, parece más justo que el contenido en algunas legislaciones estatales, como en la yucateca donde sin audiencia previa, en un procedimiento de jurisdicción voluntaria denominado "De los alimentos provisionales", se determinaba dicha obligación en una sentencia que, si bien es apelable, constituye prácticamente una sentencia definitiva[151] contra la cual existe un estrecho margen de defensa.

Históricamente, el Poder Judicial de la Federación en su jurisprudencia, ha interpretado que para la tramitación de las diligencias sobre alimentos provisionales, sólo se exige para decretarlos que quienes los piden, justifiquen el derecho que tienen para hacerlo, el caudal del que debe darlos y urgente necesidad de los alimentos, dejando a la estimación del Juez fijar la suma en que deban consistir los alimentos, y en el expediente respectivo sólo puede comparecer el acreedor alimentista, puesto que en ese mismo expediente no se permite cuestión alguna sobre la cuantía de aquéllos; por lo que ni un Juez de lo Familiar, ni la Sala respectiva, cometen violación alguna si estiman la posibilidad del deudor alimentista para pasar a su esposa determinada cantidad mensualmente, ni la necesidad de aquélla para recibir los alimentos, ya que el Juez pudo apreciar libremente los documentos que se le presentaron, y no tiene obligación de citar al mismo deudor alimentista para que concurriera a la información testimonial, ofrecida por la reclamante.[152]

Sin embargo, el énfasis marcado en los derechos humanos por el sistema jurídico mexicano en la actualidad, pone en tela de juicio esa especie de procedimientos; verbigracia, el Pleno Regional en Materia Civil de la Región Centro-Norte, con residencia en la Ciudad de México, resolvió en reciente fecha que el procedimiento denominado "Alimentos Provisionales" previsto en el Código de Procedimientos Civiles para el Estado Libre y Soberano de Tlaxcala regula la fijación de una pensión alimenticia de carácter provisional que, por tratarse de una medida cautelar, tiene la

---

151 Artículos 705-713, CPFY.

152 Registro digital: 354948 Instancia: Cuarta Sala Quinta Época Materia(s): Civil Fuente: Semanario Judicial de la Federación. Tomo LXIII, página 1696 Tipo: Aislad

naturaleza de acto de molestia y no requiere la garantía de audiencia previa para su otorgamiento.

No obstante, —continúa el Pleno Regional— previo cumplimiento de las etapas procesales, se prevé el otorgamiento de una pensión alimenticia con el carácter de definitiva y la obligación de emplazar o citar a juicio al demandado es inexcusable para el juzgador aun si se trata del procedimiento denominado "Alimentos Provisionales" y a partir de una interpretación sistemática, integradora y conforme de la legislación, se advierte que el párrafo primero del artículo 1451 prevé la posibilidad de que el enjuiciado se apersone a juicio y el artículo 1452 del citado ordenamiento exige al juzgador que, una vez emitida la resolución que fije alimentos provisionales, requiera al demandado el pago correspondiente, lo que implica hacerle del conocimiento del procedimiento y como se trata de la primera notificación, ésta debe efectuarse en términos de lo establecido por los artículos 91, 96 Bis, 97 y 807 del Código de Procedimientos Civiles para el Estado Libre y Soberano de Tlaxcala.[153]

De tal forma que, si bien la medida provisional (contenida en un auto), se verifica sin audiencia previa del deudor y se le requiere para el pago del importe respectivo, aquél puede controvertirlo en el mismo procedimiento (antes del dictado del fallo) o incluso, ser revisado oficiosamente por el órgano jurisdiccional. En esa misma línea se ubica el CNPCF.

Aunado a ello, el artículo 566 del CNPCF establece que en el mismo auto de admisión a la demanda, la autoridad jurisdiccional proveerá la designación de una persona profesionista en trabajo social como corresponda, para que lleve a cabo un estudio socioeconómico de las partes acreedora y deudora de los alimentos, el cual, de ser posible, deberá estar exhibido en la audiencia preliminar.

A continuación la ruta crítica respectiva:

---

153 Registro digital: 2026789 Instancia: Plenos Regionales Undécima Época Materia(s): Constitucional, Civil Tesis: PR.C.CN. J/8 C (11a.) Fuente: Semanario Judicial de la Federación. Tipo: Jurisprudencia.

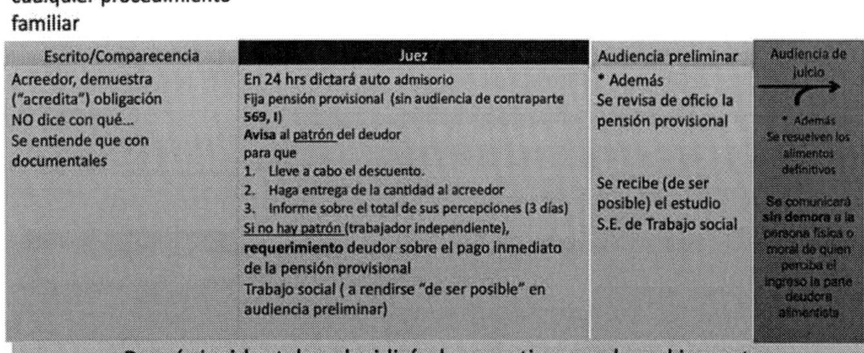

En este tema, conviene destacar que el artículo 42 del CNPCF refiere que la autoridad competente tendrá a su cargo el control del registro de personas deudoras alimentarias morosas, en el que harán las inscripciones.

Asimismo, el diverso numeral 577 del propio CNPCF indica que cuando el deudor alimentario haya dejado de cumplir con sus obligaciones en materia de alimentos por un periodo mayor de 2 meses o 60 días naturales, continuos o discontinuos, en cualquier momento del procedimiento podrá solicitarse a la autoridad jurisdiccional lo haga del conocimiento del Registro de Deudores Alimentarios Morosos o institución similar o análoga en las Entidades Federativas.

Al respecto, debe precisarse que existen en nuestro país una multiplicidad de registros de esta especie.

En efecto, ha sido tendencia en las entidades federativas, la creación registros como una medida mayor de presión a los deudores alimentarios. Estos registros estatales varían en cada estado de la república; por ejemplo, en Yucatán tal "buró de crédito alimentario" abarca toda especie de alimentos (provisionales y definitivos) cuyos acreedores serán todas las personas en esa situación (NNA, personas mayores, personas con discapacidad, varones, mujeres, etc.) y se encuentra a cargo de la Fiscalía General.[154] Quien se encuentre como moroso inscrito en ese registro, no podrá tramitar o renovar la licencia de conducir,[155] tampoco podrá presentar propuesta ni

154 Ley de la Fiscalía General del Estado de Yucatán. Reforma publicada en DOGEY 6-SEP-2021

155 Salvo que se demuestre que la licencia de conducir sea una herramienta indispensable de trabajo para solventar las obligaciones alimentarias.

celebrar pedidos o contratos conforme a Ley de Adquisiciones, Arrendamientos y Prestación de Servicios relacionado con muebles del Estado.

Ahora bien, en la legislación yucateca varía —en relación con el CNPCF— el tiempo para ser considerado moroso alimentario, pues establece un período de 90 días naturales, consecutivos o no, es decir, es más amplio.

Por ende, los estados de la federación que contemplan registros similares, habrán de revisar su legislación, a fin de articularla con el CNPCF.

También en reciente fecha, se creó el Registro Nacional de Obligaciones Alimentarias (RENAOBAL), en la LGDNNA, que abarca un registro similar, a cargo del Sistema Nacional DIF, empero restringido exclusivamente a los deudores de alimentos a NNA y a pensiones definitivas (no provisionales).[156]

Esta ley, sugiere a los estados de la república[157] establecer internamente restricciones a ciertos derechos por estar inscrito en el RENAOBAL, como son:

+ Obtención de licencias y permisos para conducir.[158]

+ Obtención de pasaporte o documento de identidad y viaje.[159]

+ Para participar como candidato a cargos concejiles y de elección popular.[160]

---

156 DOF de 26 de abril de 2023.

157 En efecto, establece indicadores mas no restringe directamente derechos, tal cual se observa del Artículo 135 *Sexties*: *(...) Las autoridades de los tres órdenes de gobierno, en el ámbito de sus competencias, dispondrán lo necesario a fin de establecer como requisito la presentación del certificado de no inscripción en el Registro Nacional de Obligaciones Alimentarias. Entre los trámites y procedimientos que podrán requerir la expedición de ese certificado, se encuentran los siguientes: I. Obtención de licencias y permisos para conducir; II. Obtención de pasaporte o documento de identidad y viaje; III. Para participar como candidato a cargos concejiles y de elección popular; IV. Para participar como aspirante a cargos de jueces, magistrados en el ámbito local o federal; V. Los que se realicen ante notario público relativos a la compraventa de bienes inmuebles y la constitución o transmisión de derechos reales, y VI. En las solicitudes de matrimonio, el juez del Registro Civil hará del conocimiento si alguno de los contrayentes se encuentra inscrito en el Registro, mencionando la situación que guardan respecto de las obligaciones que tiene (...).*

158 De dudosa constitucionalidad, pues quizás no sea un medio idóneo y proporcional para coadyuvar al cumplimiento de la obligación alimentaria.

159 *Ídem.*

160 Este requisito ya ja sido validado por la SCJN en la Acción de Inconstitucionalidad 98/2022, donde se reconoció la validez de los artículos 15, fracción XI, de la Ley de la Comisión de Derechos Humanos del Estado de Yucatán, 55, fracción II, de la Ley de Instituciones y Procedimientos Electorales del Estado de Yucatán, y 26, fracción VII, del Código de la Administración Pública de Yucatán.

+ Para participar como aspirante a cargos de jueces, magistrados en el ámbito local o federal.[161]

+ Hacer del conocimiento de los contrayentes en las solicitudes de matrimonio, si alguno de éstos se encuentra inscrito en el Registro, mencionando la situación que guardan respecto de las obligaciones que tiene.[162]

Regresando al CNPCF, el articulo 577 dispone que la autoridad jurisdiccional podrá retener los pasaportes a los deudores alimentarios morosos, y tratándose de extranjeros se dará vista al Instituto Nacional de Migración, mediante oficio para que proceda conforme a la Ley de Migración, a efecto que no se le permita la salida del Territorio Nacional.[163]

Del mismo modo la autoridad jurisdiccional podrá ordenar a petición de parte, el embargo precautorio de bienes y derechos de los que sea titular del deudor alimentario, así como el congelamiento provisional de sus cuentas bancarias.

---

161 Por la misma razón que el requisito anterior, en tratándose de funcionarios judiciales, tal disposición sí sería constitucional, por proporcional. Incluso, el Reglamento de Carrera Judicial del Poder Judicial del Estado de Yucatán (DOGEY 2 de mayo de 2022), abre tal exigencia a toda la carrera judicial; tal cual se observa en el artículo 36, fracción VIII: (...) *Asimismo, bajo la misma protesta indicará que no se encuentra en el Registro de Deudores Alimentarios Morosos al que alude la Ley de la Fiscalía General del Estado de Yucatán (...).*

162 Al ser el matrimonio un acto voluntario, brindar esta especie de información es importante, a fin de obtener en su caso, el consentimiento informado, pues cualquier persona podría medir los riesgos en caso de contraer nupcias con un deudor o deudora morosos.

163 Lo cual es congruente con el artículo 135 *Septies* de la LGDNNA que faculta a las autoridades federales competentes, para instrumentar las medidas de restricción migratoria que establezcan que ninguna persona inscrita en el RENAOBAL pueda salir del país, cuando: a) sea deudor alimentario moroso; b) existan medios de prueba que permitan al Juez determinar la existencia de un riesgo importante de que la salida del país sea utilizada como un medio de evasión de pago. En caso de la hipótesis a) el Juez podrá autorizar a salida del país si se garantiza el pago de por lo menos la mitad del adeudo que se tenga por el pago de alimentos y un depósito que corresponda al pago adelantado desde 90 hasta 365 días de la pensión según las circunstancias, o bien proporcione cualquier otra garantía, que a criterio del Juez garantice el cumplimiento de la obligación. Al respecto, la SCJN también ha emitido jurisprudencia, véanse: 1) Registro digital: 2023872, Instancia: Primera Sala, Undécima Época, Materia(s): Civil, Constitucional, Tesis: 1a./J. 50/2021 (11a.), Fuente: Gaceta del Semanario Judicial de la Federación., Libro 7, noviembre de 2021, Tomo II, página 845, Tipo: Jurisprudencia y 2) Registro digital: 2023880, Instancia: Primera Sala, Undécima Época Materia(s): Constitucional, Civil, Tesis: 1a./J. 51/2021 (11a.), Fuente: Gaceta del Semanario Judicial de la Federación., Libro 7, noviembre de 2021, Tomo II, página 847, Tipo: Jurisprudencia.

6.2. MEDIDAS PROVISIONALES

Las medidas se determinarán sin audiencia previa de la contraparte. Podrán consistir en:

- Fijación de alimentos;
- Guarda y custodia;
- Régimen de convivencias;
- Órdenes o medidas de protección; y
- Cualquier otra medida conducente.

Las medidas deberán ser revisadas por la autoridad jurisdiccional, de oficio o a petición de parte, en la audiencia preliminar o en cualquier otra etapa del procedimiento. Contra dicha resolución procederá el recurso de apelación en el efecto devolutivo.

6.2.1. MEDIDAS CONTRA LA VIOLENCIA

Se enuncian como tales:

- La desocupación inmediata del domicilio conyugal o donde habite la víctima, por la persona agresora, independientemente de la acreditación de propiedad o posesión del inmueble, aún en los casos de arrendamiento;
- La prohibición inmediata a la persona probable responsable de apersonarse en el domicilio, lugar de trabajo, de estudios, del domicilio de las y los ascendientes y descendientes o cualquier otro que frecuente la víctima;
- La prohibición de intimidar o molestar a la víctima en su entorno social, así como a cualquier integrante de su familia;
- Auxilio policiaco de reacción inmediata a favor de la víctima, con autorización expresa de ingreso al domicilio donde se localice o se encuentre la víctima al momento de solicitarlo;
- Inventario de los bienes muebles e inmuebles de propiedad común, incluyendo los implementos de trabajo de la víctima;
- Informar a las autoridades o instituciones competentes sobre las medidas tomadas, a fin de que presten atención inmediata a las personas afectadas;
- Uso y goce de los bienes que se encuentren en el inmueble que sirva de domicilio a la víctima;

- Acceso al domicilio en común, de autoridades policiacas o de personas que auxilien a la víctima a tomar sus pertenencias personales y las de su familia;
- Emitir orden de protección y auxilio dirigida a las autoridades de seguridad pública, de la que se expedirá copia a la víctima para que pueda acudir a la autoridad más cercana en caso de amenaza de agresión;
- Brindar servicios reeducativos integrales especializados y gratuitos, con perspectiva de género en instituciones especializadas y gratuitas a la persona agresora para erradicar las conductas violentas a través de una educación que elimine los estereotipos de supremacía de género y los patrones machistas y misóginas;
- Suspensión temporal al agresor del régimen de visitas y convivencia con sus descendientes;
- Prohibición al agresor de enajenar o hipotecar bienes de su propiedad, que puedan ser susceptibles de división entre los cónyuges o concubinos, con independencia del régimen patrimonial al que se encuentre sujeto el matrimonio;
- Embargo preventivo de bienes del agresor, que deberá inscribirse en el Registro Público de la Propiedad, a efecto de garantizar las obligaciones alimentarias de cualquier clase, y
- En caso de ser solicitado, proveer a fin de que la víctima pueda recibir en instituciones públicas y de manera gratuita atención médica y acompañamiento psicológico.

6.3. SEPARACIÓN DE PERSONAS

Quien intente demandar, denunciar o querellarse contra su cónyuge o persona concubina, podrá solicitar a la autoridad jurisdiccional en materia familiar su separación del domicilio hogar común.

Este tipo de procedimientos suelen contenerse en los códigos adjetivos estatales. Resulta interesante que se faculte tanto al órgano de primer grado como al tribunal de alzada en materia familiar más cercano al domicilio común para recibir la solicitud respectiva.

En seguida la ruta crítica:

Cuadro 37

Separación de personas

Escrito o comparecencia	Autoridad receptora	Admisión a trámite	Plazo
1. Hechos sobre los que base la solicitud; 2.Domicilio en el que pretende permanecer o del que se desea retirar, y 3. En caso de existir hijas o hijos menores de edad correspondientes a la unión, se deberán de exhibir los documentos que acrediten la filiación, sin perjuicio de que en situación de urgencia no será necesario. La autoridad jurisdiccional podrá hacer uso de los medios idóneos para comprobar el parentesco indicado. 4.Violencia: Cualquier persona a nombre de interesado	La autoridad jurisdiccional de primera o segunda instancia en materia familiar más cercana al domicilio común o en el que habite quien haga la solicitud. Luego de decretar la separación, remite a competente	a) 3era persona: En diligencia de cumplimiento se verifica la conformidad del directamente interesado b) Medidas pertinentes y órdenes de protección c) Guarda y custodia provisional d) Pensión alimenticia provisional e) Régimen convivencia f) Establecer que quien conserve el cuidado de los hijos, siga habitando el domicilio conyugal o familiar, si así lo desea; g) A quien se separe y conserve la guarda y custodia, se le entregarán la ropa, muebles y demás enseres. h) Ordenar la notificación al otro con la prevención que deberá abstenerse de impedir la separación	15 días hábiles para presentar la demanda, con apercibimiento de que las medidas quedan sin efecto. Prorrogable por 10 días más
La autoridad jurisdiccional puede modificar las resoluciones decretadas cuando los cónyuges o concubinos lo soliciten de común acuerdo o cuando aparezcan nuevas circunstancias que así lo hagan posible.			

6.4. JURISDICCIÓN VOLUNTARIA

La jurisdicción voluntaria comprende todos los actos en que, por disposición de la ley o por solicitud de las personas interesadas, se requiere la intervención de la autoridad jurisdiccional, sin que esté promovida, ni se promueva cuestión litigiosa alguna entre partes determinada

A solicitud de parte legitima podrán practicarse en esta vía las notificaciones o emplazamientos necesarios en procesos extranjeros.

De manera enunciativa, estos son algunos de los temas que puede abarcar la jurisdicción voluntaria:

- Nombramiento de personas tutoras y curadoras;
- Enajenación de bienes propiedad de NNA o ausentes;
- Declaración de ausencia, así como la declaración especial de ausencia por desaparición;
- Procedimiento de adopción;
- Restitución nacional;
- Consignación de alimentos; y
- Divorcio bilateral.

Si bien cada especie de estos procedimientos —como se verá en atención a la restitución nacional, la consignación de alimentos y el divorcio bilateral—, presenta sus características propias, la ruta crítica genérica de la jurisdicción voluntaria en materia familiar sería esta:

Cuadro 38

Ruta crítica Jurisdicción Voluntaria Familiar

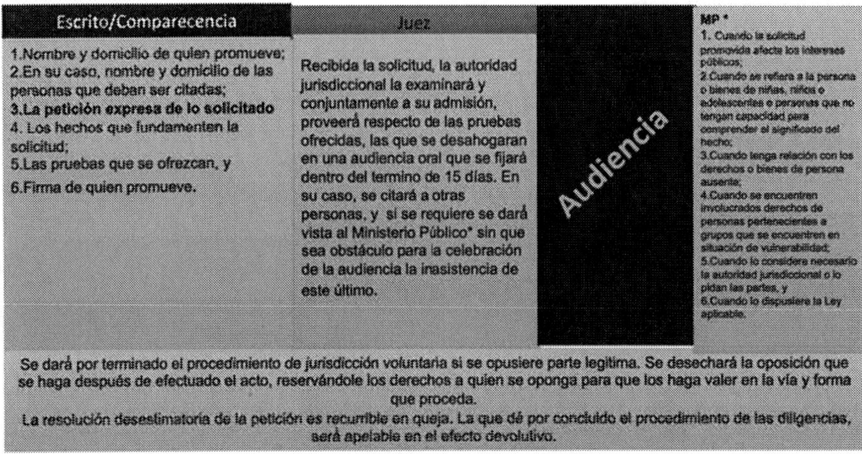

6.5. CONSIGNACIÓN DE ALIMENTOS

Quien sea deudor alimentista puede promover diligencias de consignación, derivadas de su obligación de proporcionar alimentos, sin que ello constituya la extinción de la obligación alimentaria y sin perjuicio de que la autoridad jurisdiccional determine lo conducente.

A continuación la ruta crítica:

Consignación de alimentos Cuadro 39

Escrito	Juez
Deudor alimentista Cheque certificado, o billete de depósito	De inmediato provee Citación a parte acreedora Le hará saber, que lo depositado queda a su disposición Recepción lisa y llana No comparecencia o rehusamiento
La consignación que hace el deudor de pensiones alimentarias no extingue ni fija por sí misma su obligación de pagar alimentos.	

6.6. RESTITUCIÓN NACIONAL DE NNA

De acuerdo con el artículo 25.1 de la Convención Americana sobre Derechos Humanos todas las personas tienen derecho a contar con la protección judicial del Estado mediante un recurso sencillo y rápido que los ampare contra actos que violen sus derechos fundamentales reconocidos en la Constitución, la ley o la propia Convención.

A nivel internacional, los NNA que han sido retenidos ilícitamente deben ser restituidos mediante un procedimiento especial establecido en la Convención sobre los Aspectos Civiles de la Sustracción Internacional de Menores o por la Convención Interamericana sobre la Restitución Internacional de Menores.

México ha suscrito ambas convenciones, por lo tanto, si un NNA es trasladado fuera del país, existe un procedimiento claro y efectivo para poder recuperarlo.

Ahora bien, cuando ese traslado se realiza dentro de la República Mexicana, no existe en el país —hasta la actual disposición del CNPCF— un procedimiento que permita a las autoridades poder restituir al NNA al lugar donde se ejercía su guarda y custodia, no obstante el reconocimiento de la acción de restitución nacional que, por ejemplo el Código de Familia para el Estado de Yucatán contempla en el artículo 289 de la siguiente manera: *(...) Las autoridades están obligadas a prestar auxilio al ascendiente que lo solicite, para ubicar y restituir a las niñas, niños y adolescentes sometidos a su custodia y para el tratamiento que requieran (...).*[164]

En efecto, dichas sustracciones y retenciones ilícitas nacionales acontecen de manera cotidiana. Es frecuente la desaparición de menores, la abducción parental y el traslado de una entidad federativa a otra; en ocasiones, configuran la existencia de un delito, con obvias consecuencias penales. En otras, si acaso implican un ilícito del orden familiar y en las más de las veces, carecen de respuesta normativa, redundando ello en contra del interés superior de la infancia, pues en la gran mayoría de los casos, los hijos en disputa se convierten en un objeto cuya posesión se ambiciona para efectos de ocasionar dolor y sufrimiento a la pareja —violencia vicaria— o a fin de ejercer presión para disminuir las cargas alimentarias (en el entendido de que el progenitor no custodio cumple con su obligación de proporcionar alimentos asignando una pensión).

---

164 Véase: Rivero Evia, Jorge; Rivero Evia, Helena. *El habeas infantem, Procedimientos de restitución de menores de edad a su lugar de residencia habitual.* México, Tirant lo Blanch, 2020.

Por ende, el procedimiento de mérito es una importante innovación en el Derecho Mexicano.

El procedimiento de restitución nacional tiene como finalidad tutelar el derecho de los NNA a no ser trasladados de manera ilegal de su domicilio habitual.

La autoridad jurisdiccional competente para conocer de la custodia de NNA será aquella en cuya jurisdicción se encuentre el lugar de residencia habitual de los mismos, salvo que exista un procedimiento previo en materia de custodia o patria potestad, ante otra autoridad jurisdiccional en cuyo caso este último será competente.

Se encuentran legitimados para solicitar la restitución nacional:

- La madre;
- El padre, y
- La persona o institución que tenga la custodia del NNA.

Se exceptúan los casos en que los progenitores cuenten con condena de violencia sexual contra NNA o feminicidio.

Aquí la ruta crítica:

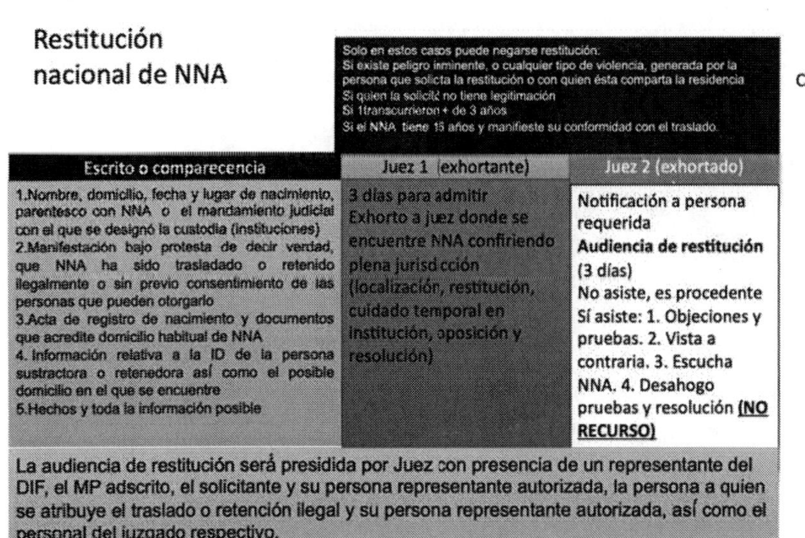

Cuadro 40

6.7. DIVORCIO BILATERAL

Este procedimiento es igualmente innovador. El Divorcio Bilateral podrá tramitarse a solicitud de ambos cónyuges ante:

+ La autoridad jurisdiccional,
+ Notaria o Notario Público: Cuando no se hayan procreado hijas o hijos, o habiéndolos procreado y que aun fueren menores de edad, no existan bienes o deudas atribuibles al patrimonio conyugal, o el Código Civil o leyes de cada Entidad Federativa así lo dispongan.
+ La autoridad del Registro Civil: Cuando ambos cónyuges convengan en divorciarse; no tengan bienes o deudas pertenecientes al patrimonio conyugal y no tengan hijos en común o teniéndolos sean mayores de edad, y éstos no requieran alimentos.[165] A continuación se presenta la ruta crítica ante la autoridad jurisdiccional:

Divorcio bilateral judicial

Cuadro 41

Solicitud (ambos)	Juez
Copia certificada del acta de matrimonio En su caso, copia certificada de actas de nacimiento (hijos NNA) Una propuesta de Convenio que contenga previsiones de guarda y custodia, alimentos y convivencia respecto de hijos NNA y, en su caso alimentos para divorciante. Y distribución de bienes en atención al régimen contraído. En caso de no estar en tales supuestos, bajo protesta de decir verdad.	Vista MP en caso de NNA Admite a trámite 10 días audiencia **Audiencia** Ratificación, revisión y en su caso aprobación del convenio presentado Visto el asunto y sentencia (irrecurrible disolución vínculo matrimonial) Entrega de oficios a interesados para inscripción RC Donación inmuebles: Orden de anotación preventiva a RPP

---

165 La autoridad del Registro Civil, previa identificación de los cónyuges, y ratificando en el mismo acto la solicitud de divorcio, levantará un acta en que los declarará divorciados y hará la anotación correspondiente en el acta de matrimonio.

6.8. JUICIO ORAL FAMILIAR

Se tramitaran en la vía oral familiar, todas las controversias que no tengan tramitación especial señalada en el CNPCF.

Como ya se ha referido con anterioridad, podrá acudirse ante la autoridad jurisdiccional en materia familiar por escrito o por comparecencia, para constituir, declarar, preservar o restituir derechos, únicamente precisando los hechos en que se funde su pretensión.

Asimismo, podrán solicitarse las medidas provisionales que se consideren necesarias y las partes deberán presentar desde la primera actuación las documentales que soporten su pretensión o excepción y ofrecer los medios de prueba que estimen oportunos.

A diferencia del juicio oral civil, antes de la audiencia preliminar, se verificará ante el Secretario y sin la presencia del Juez, una junta anticipada, que no será videograbada si no que constará en acta mínima, cuyo objeto será:

- El intercambio de información y de pruebas entre las partes;
- Formular propuestas de convenio;
- Establecer acuerdos sobre hechos no controvertidos, y;
- Proponer acuerdos probatorios, dentro de los cuales se puede incluir la exclusión parcial o total de pruebas o la incorporación de otras.

De todo ello dará cuenta inmediatamente el Secretario al Juez.

Enseguida la ruta crítica respectiva:

Cuadro 42

Fase escrita	Fase oral		JUICIO ORAL FAMILIAR
Etapa postulatoria	Audiencia preliminar (670 in fine)	Audiencia de juicio	
Demanda* Escrito o comparecencia (art. 664) Medidas provisionales (sin audiencia de contraparte) **Emplazamiento** Contestación (escrito o comparecencia (9 días -art. 665-) Reconvención (art. 670)	**Dos fases (art. 671):** **1. Junta anticipada** (privada ante Secre) –art. 672- **2. Audiencia** (Ante Juez) –art. 673- Enunciación Litis Depuración Revisión convenio y ac. Prob. Admisión y preparación pruebas Rev. Oficiosa medidas y órdenes protección Citación audiencia de juicio En su caso, la autoridad jurisdiccional señalaráfecha para la entrevista NNA en comparecencia.	**Dentro de 40 días (676)** Alegatos apertura (teoría del caso, no + de 10 min –art. 678-) Desahogo de pruebas Alegatos de cierre(no + de 10 minutos –art. 679-) "vista del asunto" Sentencia	
Desde acá pruebas precisando hecho a demostrar y. nombre de testigos.	No contesta, se tienen por contestados los hechos en sentido negativo (art. 255)	Sentencia definitiva apelable (art. 910, I) TSJ	
En todo momento las partes deberán contar con una defensa técaica, efectiva y tratándose de asuntos que afecten derechos de la infancia además la defensa será especializada. Para el caso de que alguna o ambas partes acudan sin ella, la autoridad jurisdiccional solicitará de inmediato la intervención de la Defensoría Publica (art. 138 in fine y art. 666)			

Capítulo 7

LA JUSTICIA DIGITAL Y LOS RECURSOS

Quizás la mayor innovación y asimismo el principal reto del nuevo sistema de enjuiciamiento, es la justicia digital determinada por el CNPCF.

El acceso a la justicia puede tener varias aristas. Su punto de partida es la tutela de un derecho (tutela jurídica); no obstante, el reconocimiento normativo de una prerrogativa, *per se* no garantiza su cumplimiento. De tal manera que la efectividad de aquella, queda —en la mayoría de las ocasiones— supeditada a la existencia de una vía para exigir lo que corresponde (tutela jurisdiccional).

Ahora bien, para el reclamo de lo que una persona considera como suyo, no solamente bastarán las tutelas jurídica y jurisdiccional, sino asimismo, una serie de insumos, herramientas y elementos componentes que, de no contar con ellos, el individuo pudiese ver como mero espejismo ese derecho humano del acceso a la justicia. Nos referimos a la tecnología, propia de la presente era de la globalización.

En efecto, si bien los avances tecnológicos (que incluso se han integrado como un derecho humano de cuarta generación), presentan una agilización a la hora de tramitar y resolver los procedimientos jurisdiccionales y administrativos, solamente quienes están inmersos en su utilización y al día en ese herramental técnico, saldrían beneficiados. Aquí es donde el acceso a la tecnología se convierte en acceso a la justicia, siendo para muchos latente el riesgo de volver en el tiempo al periodo romano de las *legis actiones.*[166]

---

166 El procedimiento *per legis actiones* representa, en el orden cronológico, el primer sistema de enjuiciamiento civil aplicado en Roma. Se afirma que inició durante la Monarquía, consolidándose definitivamente durante la República, con la Ley de las XII Tablas. Corresponde al período histórico del derecho quiritario, de cuyas características mas notables participa y en particular de su solemnidad, pues todo litigio debe amoldarse a uno de los cinco módulos de la ley —legis actiones— es decir, a uno de los únicos cinco esquemas preestablecidos, que se traducen siempre

Por ejemplo, si bien es cierto que según el Instituto Nacional de Estadística y Geografía (INEGI), el 99% de las viviendas en México cuentan con energía eléctrica, no acontece lo mismo en tratándose del acceso al *internet:* en 2018, 74.3 millones de personas declararon que lo utilizan, es decir, el 65.8% de la población.[167]

A ello debe sumarse que muchos de nosotros no fuimos educados, ni formados desde niños en la cultura del *internet*, sino que ésta nos pasó por encima y tuvimos que adaptarnos para sobrevivir en un mundo nuevo.

En cambio, para las nuevas generaciones, usar el *internet* y todo lo que conlleva (aplicaciones, redes sociales, correo electrónico, videollamadas, videoconferencias, etc.), es una situación natural.

En sede gubernamental, desde hace un par de décadas, comenzó en nuestro país un movimiento de automatización de trámites, en donde la utopía[168] era conseguir que los ciudadanos pudiesen gestionar diversos, sin tener que acudir a la oficina administrativa correspondiente, ya sea a través de puntos distribuidos en distintas zonas de las urbes (módulos, kioskos) o incluso, sin salir de casa. Asimismo, el deber de garantizar el derecho fundamental de acceso a la información pública, motivó que las autoridades compartieran sus quehaceres a través de portales de *internet.*

---

en un complicado ritual compuesto de gestos simbólicos y palabras solemnes y sacramentales, que deben ser escrupulosamente cumplidos y textualmente pronunciadas, bajo pena de ser vencido en la causa el que no lo hiciere, aun asistiéndole la razón. Se denotan, entre otros, como graves defectos de tal procedimiento: a) que no era sencillo aprender de memoria el texto de las declaraciones solemnes; b) se desconfió de las palabras solemnes a las que el mundo primitivo les concedió un sentido religioso y que además, eran monopolio de los pontífices. Véase: Morineau Iduarte, Marta; Iglesias González, Román. *Derecho Romano.* México, Harla, 1993, pp. 89-93. En esta nueva era es menester memorizar *passwords, nicknames, links,* etc., para poder ingresar con seguridad a plataformas electrónicas.

167 Véase: https://www.eleconomista.com.mx/tecnologia/Asi-usan-Internet-los-mexicanos-segun-el-Inegi-20190515-0090.html. Asimismo, las deficiencias del marco regulatorio, la infraestructura y las bajas inversiones en tecnología, los problemas de educación y capacitación para utilizar los medios digitales, hicieron que México registrara una caída de cinco sitios en el *Ranking de Competitividad Digital 2020* del Centro de Competitividad Mundial del Instituto suizo IMD, al bajar del 49 al sitio 54 de una lista de 63 países. Véase: *México cae en Ranking digital.* Diario de Yucatán, 2 de octubre de 2020. https://www.yucatan.com.mx/mexico/mexico-cae-en-ranking-digital.

168 En la literatura fantástica, es Papini, uno de los primeros en abordar el tema, quien a través de su relato *El tribunal electrónico,* cuenta de la existencia del primer aparato mecánico que juzga. Véase, Papini, Giovanni. Gog. El Libro Negro. México, Porrúa, pp. 153-154.

En tal contexto, todos los procedimientos regulados en el CNPCF podrán tramitarse bajo la modalidad de un procedimiento en línea que, al igual que cualquier otra especie procesal, será gratuita para las partes, empero, no exenta de vicisitudes.

Como nota preliminar conviene precisar que acorde con el artículo 151 del CNPCF, los poderes judiciales contarán con una Oficialía de Partes Común, a través de la cual se presenten los escritos de demanda o promociones posteriores de manera electrónica y escrita, en los siguientes términos:

- La demanda o escrito inicial podrá promoverse de forma física o electrónica a través de la oficina o portal autorizado por el Consejo de la Judicatura, conforme a lo dispuesto en la Ley Orgánica que corresponda;
- Por lo que hace a los procedimientos en línea, la demanda y documentos siempre deberán presentarse vía electrónica, debiendo verificar en todos los casos que cuenten con la firma electrónica avanzada de quien suscribe el escrito inicial, para ser turnada a la autoridad jurisdiccional que corresponda, y
- Una vez recibido el escrito de demanda, se emitirá acuse de recibo físico o electrónico, en el que se conste la fecha y hora de presentación, número de expediente y autoridad jurisdiccional que conocerá del mismo.

Entonces, de lo anterior se deriva que el legislador estatal deberá de adecuar las Leyes Orgánicas al tenor de dicha disposición, sobre todo en los casos de la entidades federativas que carecen de sistemas digitales de juicios en línea (como Yucatán).

7.1. LOS PRINCIPIOS DE LA JUSTICIA DIGITAL

Dichos principios son:

- Elegibilidad.– Las partes tienen el derecho de optar por los procedimientos en línea.
- Equivalencia funcional o no discriminación.– La autoridad jurisdiccional no negará efectos jurídicos, validez o eficacia probatoria a cualquier tipo de información por la sola razón de que esté contenida en un mensaje de datos, ni se requerirá manifestación bajo protesta de decir verdad de que los documentos digitalizados son copia fiel e inalterada de los documentos físicos; no se negará validez a las comunicaciones, sea que estén contenidas en mensajes de datos o en medios físicos por el solo hecho de usar alguna tecnología determinada; la firma electrónica avanzada en un documento electrónico o en su caso, en un mensaje de datos, satisface el requisito de firma del mismo modo que la firma autógrafa en los documentos impresos; todas las actuaciones

dadas de forma virtual, electrónica, remota o a distancia, tendrán la misma eficacia probatoria o valor jurídico, que las presenciales y los instrumentos escritos; los procedimientos judiciales podrán tramitarse total o parcialmente en línea, así como celebrarse sus actuaciones judiciales presencialmente o a distancia, sin que ello afecte la validez de las actuaciones. Finalmente, no se cuestionará la validez de un procedimiento por la sola razón de que una de las partes haya elegido llevarlo en línea y la otra de forma tradicional.

- Neutralidad tecnológica.– No se impondrá preferencias en favor o en contra de determinada tecnología, ni se fomentará artificialmente determinadas opciones tecnológicas en detrimento de otras.
- Seguridad de la información.– Todo procedimiento en línea, promoción electrónica, audiencia virtual, diligencia virtual, videoconferencia, y en general, toda actuación y documentación que forme parte de procedimientos en línea, se llevará a cabo protegiendo la información y los sistemas de información contra el acceso, auso, divulgación, interrupción, modificación o destrucción no autorizados a fin de proporcionar confidencialidad, integridad y disponibilidad, mientras dichos atributos no se contrapongan con la naturaleza o características de determinado procedimiento, audiencia o actuación judicial.

7.2. EL EXPEDIENTE JUDICIAL

A su vez, el expediente judicial se integrará física y electrónicamente de acuerdo con las disposiciones establecidas en el CNPCF, salvo que las partes convengan en que únicamente se integre de forma electrónica.

Los poderes judiciales deberán emitir un Acuerdo que contenga los Lineamientos aprobados por el Consejo de la Judicatura respectivo, donde se establecerán las reglas que permitan la debida integración de expedientes físicos y electrónicos, para los procedimientos tramitados en la modalidad en línea. Otra tarea pendiente para articular la implementación del nuevo sistema de justicia.

El expediente físico deberá contar con la impresión de los mensajes de datos y, de ser requerido, autenticados con firma electrónica avanzada, así como, en su caso, el acta de la diligencia respectiva, en la que se indicará la existencia de la videograbación que, aunque esté resguardada en otro lugar, formará parte del expediente respectivo.

En tanto que el expediente electrónico será el reflejo del expediente físico, para lo cual, además de los requisitos aplicables, se certificará por la persona servidora pública facultada para ello (secretario o actuario, es decir funcionarios con fe pública), la coincidencia de las actuaciones judiciales entre sí.

En los procedimientos en línea o promociones electrónicas, cualquier anexo deberá ir adjunto a la promoción electrónica. El juzgador podrá requerir la exhibición física del documento para corroborar su autenticidad e integridad. El anexo debe ir digitalizado junto con la promoción, lo que permitirá al juzgador consultarlo cuando lo requiera.

Las personas funcionarias judiciales adscritas a las autoridades jurisdiccionales podrán acceder a los expedientes electrónicos relacionados con el ejercicio de sus atribuciones, para lo cual deberán contar con la clave de acceso otorgada por el órgano competente del Consejo de la Judicatura respectivo. Adicionalmente, deberán utilizar su firma electrónica avanzada para agregar constancias y resoluciones judiciales a los referidos expedientes.

Aquí la ruta crítica:

Procedimiento en línea Cuadro 43

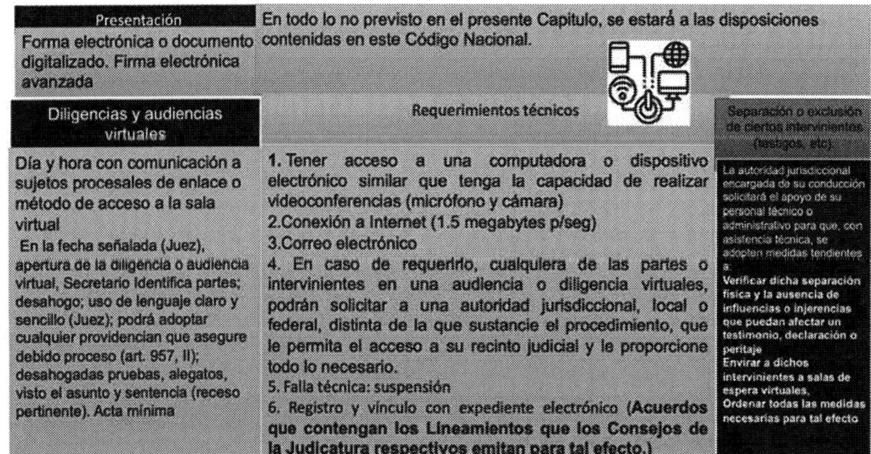

Presentación	
Forma electrónica o documento digitalizado. Firma electrónica avanzada	En todo lo no previsto en el presente Capítulo, se estará a las disposiciones contenidas en este Código Nacional.

Diligencias y audiencias virtuales	Requerimientos técnicos	Separación o exclusión de ciertos intervinientes (testigos, etc)
Día y hora con comunicación a sujetos procesales de enlace o método de acceso a la sala virtual En la fecha señalada (Juez), apertura de la diligencia o audiencia virtual, Secretario identifica partes; desahogo; uso de lenguaje claro y sencillo (Juez); podrá adoptar cualquier providencian que asegure debido proceso (art. 957, II); desahogadas pruebas, alegatos, visto el asunto y sentencia (receso pertinente). Acta mínima	1. Tener acceso a una computadora o dispositivo electrónico similar que tenga la capacidad de realizar videoconferencias (micrófono y cámara) 2.Conexión a Internet (1.5 megabytes p/seg) 3.Correo electrónico 4. En caso de requerirlo, cualquiera de las partes o intervinientes en una audiencia o diligencia virtuales, podrán solicitar a una autoridad jurisdiccional, local o federal, distinta de la que sustancie el procedimiento, que le permita el acceso a su recinto judicial y le proporcione todo lo necesario. 5. Falla técnica: suspensión 6. Registro y vínculo con expediente electrónico **(Acuerdos que contengan los Lineamientos que los Consejos de la Judicatura respectivos emitan para tal efecto.)**	La autoridad jurisdiccional encargada de su conducción solicitará el apoyo de su personal técnico o administrativo para que, con asistencia técnica, se adopten medidas tendientes a: Verificar dicha separación física y la ausencia de influencias o injerencias que puedan afectar un testimonio, declaración o peritaje Envirar a dichos intervinientes a salas de espera virtuales. Ordenar todas las medidas necesarias para tal efecto

7.3. LOS RECURSOS

Los recursos son medios de impugnación y subsanación de los errores de que eventualmente pueda adolecer una resolución judicial, dirigido a provocar la revisión de esta, ya sea por el juez que la dictó o por otro de superior jerarquía.

A diferencia de los incidentes impugnativos[169] —que regularmente tienen carácter horizontal—, los recursos pueden ser tanto horizontales (como es el caso de la reposición) como verticales (la apelación o la queja).

Se puede afirmar que los recursos más importantes son precisamente los verticales.

En ese sentido, el CNPCF suprime el recurso de revocación que contienen muchos de los códigos procesales estatales, así como el de denegada apelación. Contempla a su vez la aclaración (de autos y sentencias), que si bien, no es propiamente un recurso, como está dirigida a enmendar yerros en una resolución (como documento), podemos encuadrarla como tal, únicamente para fines explicativos y didácticos.

En materia familiar se establece el recurso de revisión de oficio de las sentencias que concedan la adopción. Asimismo, se contempla la queja administrativa por dilaciones indebidas en los diversos procedimientos.

Así, los recursos contemplados en el CNPCF son:

- Aclaración (autos y sentencias);[170]
- Queja administrativa,[171] ante el Consejo de la Judicatura respectivo.

---

[169] Como, por ejemplo, el incidente de nulidad de actuaciones, del cual conoce la misma autoridad que llevó a cabo la diligencia impugnada.

[170] Artículo 172 (CNPCF).- *(...) Tampoco podrán variar ni modificar sus sentencias o autos después de firmados, pero sí aclarar algún concepto que contengan omisiones sobre puntos discutidos, errores materiales o de cálculo, edades, nombres, ambigüedades, contradicciones evidentes, oscuridad de las expresiones o de las palabras, cuando sean imprecisos sin alterar su esencia. Estas aclaraciones podrán hacerse de oficio o a petición de parte en un plazo no mayor a tres días hábiles y en su caso, la autoridad jurisdiccional resolverá lo que estime procedente dentro del tercer día hábil siguiente al de la presentación del escrito en que se solicite la aclaración conforme a lo dispuesto en el presente Código Nacional (...).*

[171] Artículo 177 (CNPCF).- (...) *El retardo sin justa causa en el pronunciamiento y publicación de decretos, autos o sentencias dará lugar a queja administrativa que se presentará ante el Consejo de la Judicatura para su trámite y sanción respectiva. (...).*

- Revisión de oficio (adopción);[172]
- Apelación;
- Reposición; y
- Queja.

El siguiente cuadro refleja lo anterior:

Recursos

Cuadro 44

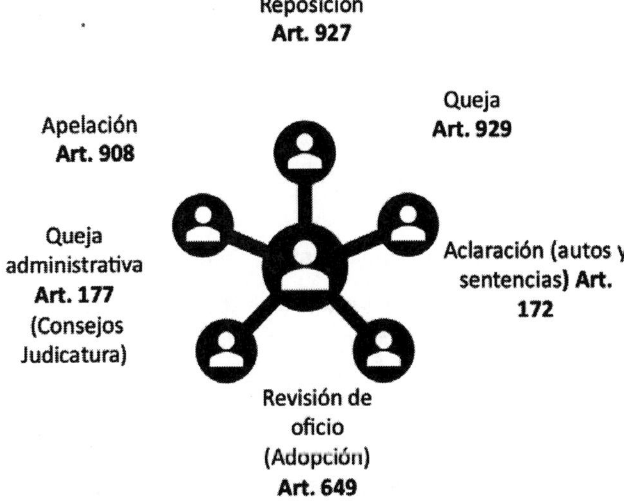

7.3.1. APELACIÓN

El recurso de apelación tiene por objeto que la autoridad jurisdiccional de apelación confirme, revoque o modifique la resolución impugnada.

Su interposición puede tener los siguientes efectos:

---

172 Artículo 649 (CNPCF) —segundo párrafo—: (...) *Dentro de los tres días hábiles siguientes al desahogo de la última audiencia, se remitirán los autos originales a la autoridad jurisdiccional de segunda instancia para que proceda a la revisión oficiosa de la resolución, misma que deberá confirmarse, modificarse o revocarse dentro de los siguientes quince días hábiles siguientes a la recepción del expediente, sin que lo anterior implique algún tipo de reenvío (...).*

a) Un solo efecto (*Devolutivo*).– Es decir, no suspende el trámite de primer grado, en caso de ser fundado el recurso, retrotrae. Los siguientes actos, en caso de apelación, son susceptibles de tramitación en un solo efecto;

+ Sentencias definitivas dictadas en juicios sumarios, especiales orales civiles; juicios orales familiares tanto ordinarios como especiales (salvo en materia familiar, contra la sentencia definitiva o interlocutoria que cancele o disminuya alimentos que será en ambos efectos);
+ El auto que desecha el incidente de nulidad de actuaciones por defectos en el emplazamiento, la resolución que se dicte en el incidente y en donde la autoridad jurisdiccional de oficio decrete nulo el emplazamiento;
+ El auto que tenga por contestada o no la demanda principal o reconvencional;
+ Las sentencias interlocutorias que trasciendan al resultado del fallo;
+ La última resolución dictada para el cumplimiento de la sentencia definitiva;
+ La resolución que apruebe o no el remate;
+ Resoluciones que, en la fase definitiva del proceso cautelar, decreten providencias precautorias y medidas de aseguramiento;
+ En contra de la imposición de cualquier medida de apremio. No obstante, he aquí una antinomia, pues si bien expresamente la fracción VIII del artículo 911 del CNPCF establece la procedencia del medio de defensa, el diverso 191 *in fine* dice que es irrecurrible toda resolución que imponga una medida de esta especie.[173]
+ La resolución dictada durante la revisión de las medidas provisionales en materia de familia, en la audiencia preliminar o las que se dicten con posterioridad a dicha etapa; y
+ Las resoluciones dictadas en los procedimientos sucesorios (salvo la sentencia definitiva que se admitirá en ambos efectos).

Asimismo, no obstante la admisión en un solo efecto, el apelante podrá solicitar la suspensión al interponer el recurso y deberá señalar con precisión los motivos por

173 Haciendo una interpretación conforme al principio *pro persona*, esa contradicción se resolvería a favor de la admisión del recurso de mérito contra toda medida de apremio.

los que considera que se le ocasionaría un daño irreparable o de difícil reparación, y, además, otorgue garantía mediante fianza o billete de depósito.[174]

En caso de que la resolución impugnada pueda afectar a NNA o grupos sociales en situación de vulnerabilidad, no se exigirá garantía o contragarantía para que, de oficio o a petición de parte, se suspenda la ejecución de la resolución impugnada.

b) Dos efectos (*Suspensivo y Devolutivo*).– Paraliza y retrotrae.

Procede la apelación con tales efectos en los siguientes casos:

+ Contra sentencias definitivas dictadas en juicios escritos, de acciones colectivas, y ordinarios orales civiles; en materia familiar, únicamente contra la sentencia definitiva o interlocutoria que cancele o disminuya alimentos;
+ Contra sentencias o cualquier otra resolución judicial que por su naturaleza suspenda, impida la continuación del juicio, le pongan fin o haga imposible su continuación, cualquiera que sea la naturaleza del procedimiento; y
+ Contra aquellas resoluciones judiciales señaladas expresamente por el CNPCF, como son: resolución de excepción de cosa juzgada procedente (artículo 78); auto de incompetencia de plano (artículo 79) resolución de jurisdicción voluntaria que dé por concluido el trámite (artículo 596); auto que desaprueba cuentas tutela (artículo 610,V); enajenación bienes NNA (artículo 614); adopción —oposición— (artículo 643); partición de herencia (artículo 782) sentencia concurso (artículo 850); desechamiento demanda acción colectiva (artículo 868); resolución de adjudicación —ejecución— (artículo 1075) y ejecución forzosa (artículo 1190,V).

No obstante, cuando la apelación se admita en ambos efectos, la autoridad jurisdiccional continuará conociendo para resolver con plenitud de jurisdicción, todo lo

[174] Acorde al artículo 912 del CNPCF, la calificación de la idoneidad de la garantía será al prudente arbitrio de la autoridad jurisdiccional; la garantía otorgada por la parte actora comprenderá la devolución del bien o bienes que deba percibir, sus frutos e intereses y la indemnización de daños y perjuicios si la segunda instancia revoca el fallo; la otorgada por la persona demandada comprenderá el pago de lo juzgado y sentenciado, como su cumplimiento, en el caso de que la sentencia condene a hacer o a no hacer; la liquidación de los daños y perjuicios que se hará en la ejecución de la sentencia; y, en los juicios sin interés pecuniario, el monto de la garantía quedará a criterio de la autoridad jurisdiccional. A su vez, la contraparte del apelante podrá otorgar contragarantía para que no se suspenda la ejecución.

relativo a depósitos, embargos trabados, rendición de cuentas, gastos de administración, aprobación de entrega de fondos para pagos urgentes, medidas provisionales decretadas durante el juicio y cuestiones similares que por su urgencia no pueden esperar.

A su vez, se contempla la *apelación adhesiva*. La parte que obtuvo sentencia definitiva favorable, puede adherirse a la apelación interpuesta en contra de la sentencia definitiva al momento de contestar los agravios, expresando los razonamientos tendientes a mejorar las consideraciones vertidas por la autoridad jurisdiccional en la resolución de que se trate.

En cuanto a la legitimación para apelar, pueden instar al recurso:

- Las partes que consideren haber recibido algún agravio
- Los terceros que hayan salido al juicio
- Las demás personas con interés jurídico a quienes perjudique la resolución judicial.
- La parte vencedora que no obtuvo todo lo solicitado puede apelar en lo que a estos puntos de la resolución se refiere.

Por ende, no puede apelar la persona que obtuvo todo lo que pidió.

Los plazos para la interposición del recurso de apelación serán de 9 días si fuere sentencia definitiva y de 5 días en contra de las demás resoluciones, a partir del día siguiente a aquél en que surta efecto la notificación de la resolución impugnada.

Este recurso de interpondrá:

- Por escrito
- Ante el juez
- Expresando los agravios de fondo y forma (incluso contra resoluciones irrecurribles trascendentes, ya sea en el mismo escrito o en diversos).

Bajo esta última regla novedosa,[175] lo "irrecurrible" durante el proceso, se convierte en "recurrible" en la apelación contra la sentencia definitiva (por ejemplo, la

[175] Artículo 916, segundo párrafo CNPCF: *(...) Al apelar la sentencia definitiva se deberán expresar agravios en contra de las resoluciones dictadas durante el procedimiento en contra de las cuales no proceda recurso alguno, que les hayan causado un agravio y que trasciendan al resultado del fallo, dentro del mismo plazo para apelar la sentencia definitiva, en escritos por separado o conjuntos, exponiendo en sus agravios de qué manera trascendería al fondo del asunto el resarcimiento de la violación a subsanar (...).*

calificación de las preguntas en el desahogo de la prueba testimonial o la improcedencia de las objeciones respectivas determinada por el juzgador de primer grado). De este modo, debe prepararse el amparo directo, pues si no se combate en la apelación contra la sentencia definitiva lo que era "irrecurrible", los conceptos de violación en el juicio constitucional serán inoperantes, sin ser analizados.

Otra novedad: si fuera procedente la existencia de una o varias violaciones procesales hechas valer en la apelación, indica el artículo 916, tercer párrafo, que la segunda instancia así lo declarará y reservará la resolución del recurso en contra de la definitiva, procediendo a subsanar la o las violaciones procesales bajo las mismas formalidades que el juicio de origen, y una vez reparada, se citará para resolver la apelación en contra de la sentencia definitiva.

Ello excepto en lo que atiene a defectos en el emplazamiento, que de existir se declarará su nulidad y se ordenará la reposición del procedimiento por parte de la autoridad jurisdiccional de origen, declarando insubsistente la sentencia definitiva.

Así pues, se advierte que la segunda instancia en ningún caso podrá ordenar —en apelación— la reposición del procedimiento al juzgador de origen (salvo la excepción referida *ut supra*), pues el tribunal de alzada deberá subsanar esos defectos y luego resolver el fondo.

Resultará interesante observar en lo futuro el proceder de los tribunales de apelación aplicando dicha regla, por ejemplo en el caso de litisconsorcio pasivo necesario, cuyo análisis es incluso de oficio y ¿será llamado el litisconsorte inaudito en la segunda instancia? ¿comparecerá ahí para contestar, ofrecer pruebas y alegatos? ¿se le asimilará al litisconsorte al caso de "los defectos en el emplazamiento" que establece la excepción a la regla? O ¿esa regla solo sería aplicable cuando hubiese agravio al respecto y no en estudio oficioso?

Otra innovación consiste en que en los escritos de expresión de agravios, tratándose de apelación contra sentencia definitiva, el apelante sólo podrá ofrecer pruebas cuando hubieren ocurrido hechos supervenientes, especificando los puntos sobre los que deben versar, que no serán ajenas ni a la cuestión debatida ni a los hechos sobrevenidos, pudiendo la contraparte en la contestación de los agravios, oponerse a esa pretensión.

A continuación la ruta crítica correspondiente:

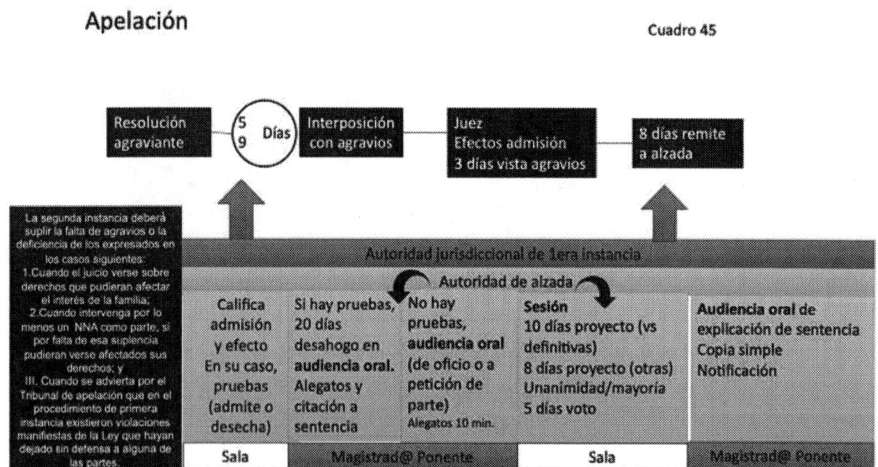

7.3.2. REPOSICIÓN

Es un recurso que procede únicamente en la segunda instancia:

- En contra de la calificación de admisibilidad del recurso de apelación, así como en contra de su efecto;
- Cuando no se admitan pruebas en segunda instancia,
- Contra el auto que determina la caducidad de la segunda instancia; y
- Cuando alguna o algunas de las apelaciones en contra de resoluciones dictadas dentro del procedimiento hubiere resultado procedente, la reposición será admitida en contra de aquellas resoluciones que se dicten para reparar la violación procesal, siempre y cuando causen un perjuicio irreparable y puedan trascender al sentido del fallo definitivo.

Aquí la ruta crítica:

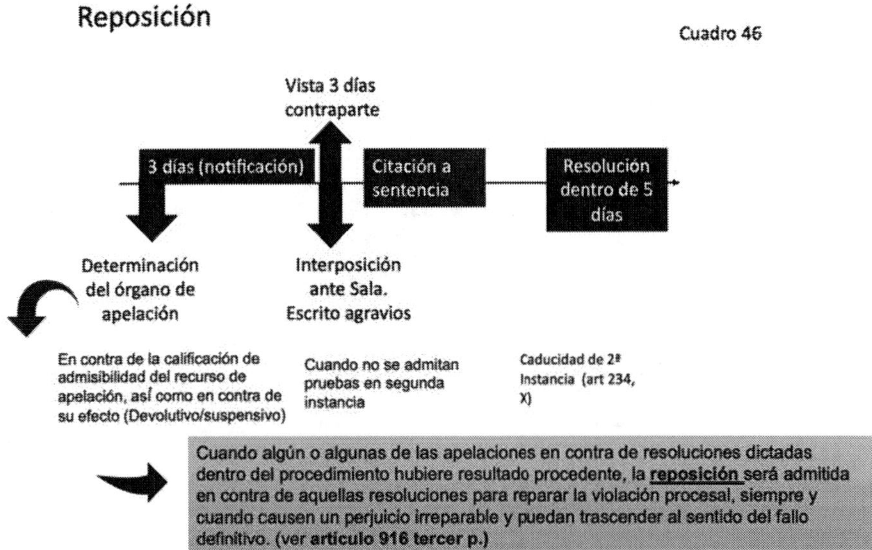

7.3.3. QUEJA

La autoridad de segunda instancia es la encargada de resolver tal recurso, el cual será procedente:

- Contra la resolución que niegue la admisión de la apelación o adhesión a ésta;
- En contra de resolución que se emita para fijar el monto de la fianza en tratándose de apelaciones en efecto devolutivo; y
- En los demás casos fijados por el CNPCF. Por ejemplo: la no admisión de la demanda (artículo 237) la resolución que niega medios preparatorios (artículo 372) o la resolución desestimatoria de las diligencias de jurisdicción voluntaria (artículos 435 y 596).

Se comparte la ruta crítica de este recurso:

Cuadro 47

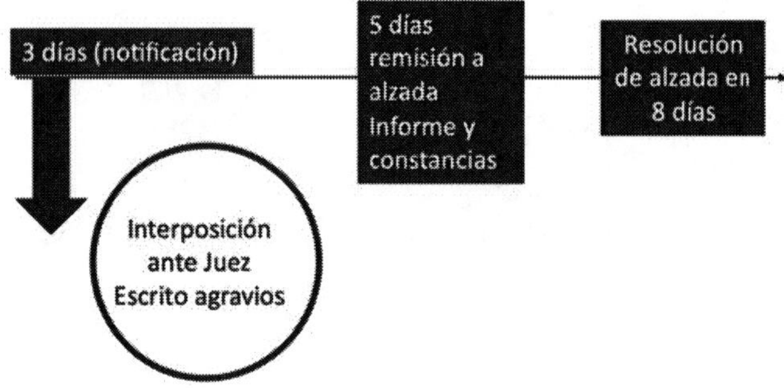

Queja
3 días (notificación)
5 días remisión a alzada Informe y constancias
Resolución de alzada en 8 días
Interposición ante Juez Escrito agravios

REFERENCIAS

A) BIBLIOHEMEROGRÁFICAS

- Alvarado Velloso, Adolfo, *Garantismo procesal contra actuación judicial de oficio,* Tirant lo Blanch, Valencia, 2005,
- Arango Escámez, José Faustino. *Poder Judicial. Análisis en torno al reconocimiento social. Casos de México, España y Estados Unidos.* Porrúa, México, 2012.
- Bacigalupo, Enrique. *El debido proceso penal.* Hammurabi, Buenos Aires, 2005.
- Báez Silva, Carlos; Cienfuegos Salgado, David; Estrada Michel, Rafael (Coordinadores). *La justicia mexicana en perspectiva. Estudios en homenaje a Julio César Vázquez-Mellado García.* Tirant lo Blanch, México, 2018.
- Bertolino, Pedro J. *El derecho al proceso judicial.* Temis, Bogotá, 2003.
- Carbonell, Miguel; Vázquez, Rodolfo (Comps.). *Estado constitucional y Globalización.* Porrúa, México, 2001.
- Comisión Nacional de Tribunales Superiores de Justicia. *Anteproyecto de Código Procesal Civil Tipo para la República.* México, 2004.
- Comisión Nacional de Tribunales Superiores de Justicia. *Código Modelo del proceso penal acusatorio para los Estados de la Federación.* México, 2009.
- Díez Ripollés, José Luis; García Pérez Octavio (Coordinadores). *La política legislativa penal iberoamericana en el cambio de siglo.* B de F, Edisofer, Buenos Aires, 2008 - Devis Echandía, Hernando. *Teoría general del proceso.* Editorial Universidad, Buenos Aires, 2004.
- Esparza Leibar, Iñaki. *El principio del proceso debido.* J.M. Bosch Editor, Barcelona, 1995.
- García Ramírez, Sergio. *El Estado de Derecho y la reforma del Poder Judicial.* Pemex lex. Revista Jurídica Petróleos Mexicanos. Num. 91-92. Enero-febrero 1996.
- García Ramírez, Sergio. *Panorama del debido proceso (adjetivo) penal en la jurisprudencia de la Corte Interamericana.* En: Anuario de Derecho Constitucional Latinoamericano, Número 2006, Año 2006.
- Gómez Fröde, Carina. *Teoría General del Proceso.* Porrúa, México, 2016.
- Ferrer Mac-Gregor, Eduardo; Zaldívar Lelo de Larrea, Arturo (Coordinadores). Estudios en homenaje a Héctor Fix Zamudio en sus cincuenta años como investigador del Derecho. Tomo IX. Derechos humanos y tribunales internacionales. Instituto de Investigaciones jurídicas UNAM, México, 2008.
- Gómez Lara, Cipriano. *Teoría general del proceso.* Harla, México, 1996,
- Hernández Pliego, Julio A., *Programa de derecho procesal penal,* Porrúa, México, 2002.

- Instituto Nacional de Ciencias Penales. *Jornadas iberoamericanas. Oralidad en el proceso y justicia penal alternativa.* INACIPE, México, 2008.
- Kurczyn Villalobos, Patricia (Coordinadora) *¿Hacia un nuevo derecho del trabajo?* Instituto de Investigaciones jurídicas UNAM, 2003.
- Mar, Nereo. *Guía del procedimiento civil para el Distrito Federal,* Porrúa, México, 2003.
- Marabotto Lugaro, Jorge A. *Un derecho humano esencial: el acceso a la justicia.* En: Anuario de Derecho Constitucional Latinoamericano, Número 2003, Año 2003.
- Melgar Adalid, Mario. *El Consejo de la Judicatura Federal.* Porrúa, México, 1998.
- Montero Aroca, Juan. *Principios del proceso penal. Una explicación basada en la razón.* Tirant lo Blamch, Valencia, 1997.
- Morineau Iduarte, Marta; Iglesias González, Román. *Derecho Romano.* México, Harla, 1993,
- Ovalle Favela, José, *Derecho procesal civil,* Oxford, México, 2004.
- Pallares, Eduardo, *Diccionario de derecho procesal civil,* Porrúa, México, 2001
- Quispe Remón, Florabel, *El debido proceso en el derecho internacional y en el sistema interamericano,* Tirant lo Blanch, Valencia, 2010.
- Rivero Evia, Jorge; Rivero Evia, Helena. *El habeas infantem, Procedimientos de restitución de menores de edad a su lugar de residencia habitual.* Tirant lo Blanch, México, 2020.
- Rivero Evia, Jorge. *Insumos democrático-constitucionales,* Tirant lo Blanch, México, 2019.
- Sieber, Urlich; Simon Jan-Michel (Editores), *Hacia la unificación del Derecho Penal.* México, Max-Planck-Institut für aüslandisches und internationales Strafrecht/Instituto Nacional de Ciencias Penales, 2011.
- Senado de la República, Dictamen de las Comisiones Unidas de Justicia y de Estudios Legislativos, Segunda, por el que se expide el Código Nacional de Procedimientos Civiles y Familiares, México, 13 de abril de 2023.
- Schwabe, Jürgen. Jurisprudencia del Tribunal Constitucional Federal Alemán. Extractos de las sentencias más relevantes compiladas por Jürgen Schwabe. Berlín, Konrad Adenauer Stiftung e. V., 2009,
- Suprema Corte de Justicia de la Nación. *33 Acciones para la Reforma Judicial.* México, 2006.
- Suprema Corte de Justicia de la Nación. *Las Garantías de Seguridad Jurídica.* Colección Garantías Individuales, Número 2. México, Segunda Edición, 2005.
- Suprema Corte de Justicia de la Nación. *Manual del Juicio de Amparo.* Themis, México, 2000,
- Valencia Mirón, Antonio José. *Introducción al derecho procesal.* Comares, Granada, 2005.
- Witker, Jorge. (Coordinador*). El Tratado de Libre Comercio de América del Norte. Análisis, diagnóstico y propuestas jurídica*s, Tomo I. Instituto de Investigaciones Jurídicas, México, 1993.

B) INTERNET

- Centro de Arbitraje de México
  https://camex.com.mx/
- Código Nacional de Procedimientos Civiles y Familiares
  https://www.dof.gob.mx/nota_detalle.php?codigo=5691385&fecha=07/06/2023#gsc.tab=0
- Corte Internacional de Justicia
  http://www.icj-cij.org/homepage/sp/icjstatute.php.
- Convención sobre los derechos de las personas con discapacidad
  https://www.un.org/esa/socdev/enable/documents/tccconvs.pdf
- Diario de Yucatán
  https://www.yucatan.com.mx/mexico/mexico-cae-en-ranking-digital.– El Economista
  https://www.eleconomista.com.mx/tecnologia/Asi-usan-Internet-los-mexicanos-segun-el-Inegi-20190515-0090.html
- Reglamento de arbitraje de la CNUDMI
  https://uncitral.un.org/es/texts/arbitration/contractualtexts/arbitration
- Suprema Corte de Justicia de la Nación. *Protocolo para juzgar con perspectiva de Infancia y de Adolescencia.*
  https://www.scjn.gob.mx/derechos-humanos/sites/default/files/protocolos/archivos/2022-02/Protocolo%20para%20juzgar%20con%20perspectiva%20de%20Infancia%20y%20Adolescencia.pdf

C) JURISPRUDENCIA LOCAL, FEDERAL Y SUPRANACIONAL.

- **Sala Colegiada Civil y Familiar del Tribunal Superior de Justicia del Estado de Yucatán.**
  - PO.SCF.79.020.Civil JUICIO DE INTERDICTO DE OBRA NUEVA. FASE DE EMPLAZAMIENTO. ES INCOMPATIBLE CON EL DERECHO HUMANO DE ACCESO A LA JUSTICIA.
  - PO.SCF.57.016.Civil INCOMPETENCIA POR DECLINATORIA DECLARADA IMPROCEDENTE. DESAPLICACIÓN DEL ARTÍCULO 555 DEL CÓDIGO DE PROCEDIMIENTOS CIVILES DE YUCATÁN, EN RELACIÓN CON LA MULTA IMPUESTA AL EXCEPCIONISTA, POR VULNERAR EL ACCESO A LA JUSTICIA.
  - PO.SCF.30.013.Civil REGULARIZACIÓN DE LA TENENCIA DE INMUEBLES PREVISTA EN EL DECRETO 434 PUBLICADO EN EL DIARIO OFICIAL DEL GOBIERNO DEL ESTADO DE YUCATÁN, CON FECHA 13 DE MAYO DE 1981. REQUISITOS DE PROCEDIBILIDAD.

- **Poder Judicial de la Federación**
  - Tomo II, diciembre de 1995, Tesis: P./J. 47/95, p. 133. Jurisprudencia, Materia(s): Constitucional, Común, Novena Época, Instancia: Pleno, Fuente: Semanario Judicial de la Federación y su Gaceta.
  - Tomo XXV, abril de 2007. Tesis: 1a. XC/2007. p. 368. Tesis aislada. Materia(s): Penal. Novena Época. Instancia: Primera Sala. Fuente: Semanario Judicial de la Federación y su Gaceta.
  - Tomo VI, Parte SCJN Tesis: 172, p. 116. Octava Época Instancia: Tercera Sala Fuente: Apéndice de 1995.
  - Tomo VI, Común, Jurisprudencia SCJN Tesis: 109, p. 86. Novena Época Instancia: Segunda Sala Fuente: Apéndice 2000.
  - Tomo: I, Jur. Acciones de Inconstitucionalidad y C.C. Tesis: 17, p. 9. Novena Época Instancia: Pleno Fuente: Apéndice 2001.
  - Tomo: XXII, octubre de 2005, Tesis: P./J. 135/2005, p. 2062. Novena Época Instancia: Pleno Fuente: Semanario Judicial de la Federación y su Gaceta.
  - Tomo VI, Común, Jurisprudencia SCJN, Tesis: 8, p. 12. Novena Época Instancia: Primera Sala Fuente: Apéndice 2002.
  - Tesis: V.3o.C.T.8 C (11a.). Tipo: Aislada. Instancia: Tribunales Colegiados de Circuito Undécima Época Materia(s): Constitucional Fuente: Semanario Judicial de la Federación.
  - Tomo VII, enero de 1998, p. 351 Tesis: 2a./J. 75/97. Tipo: Jurisprudencia, Instancia: Segunda Sala Novena Época Materia(s): Común Fuente: Semanario Judicial de la Federación y su Gaceta.
  - Tomo II, diciembre de 1995, p. 133, Tesis: P./J. 47/95, Novena Época, visible en el Semanario Judicial de la Federación y su Gaceta.
  - Tomo V, p. 4463, Tesis: II.4o.P.38 P (10a.), Tipo: Aislada Instancia: Tribunales Colegiados de Circuito. Undécima Época, Materia(s): Constitucional, Penal Fuente: Gaceta del Semanario Judicial de la Federación. Libro 16, agosto de 2022,.
  - Tomo II, diciembre de 1995, p. 133, Tesis: P./J. 47/95. Instancia: Pleno, Novena Época, Fuente: Semanario Judicial de la Federación y su Gaceta.
  - Tomo XVIII, septiembre de 2003, p. 675, Instancia: Pleno. Asunto: Contradicción de Tesis 22/2003-PL, Novena Época, Fuente: Semanario Judicial de la Federación y su Gaceta.
  - Tomo I, p. 998 Tipo: Jurisprudencia, Instancia: Primera Sala. Undécima Época Materia(s): Civil, Constitucional Tesis: 1a./J. 140/2022 (11a.) Fuente: Gaceta del Semanario Judicial de la Federación. Libro 20, diciembre de 2022.
  - Tomo I, p. 696, Tipo: Aislada. Instancia: Primera Sala, Décima Época Materia(s): Penal Tesis: 1a. CLXXIII/2016 (10a.) Fuente: Gaceta del Semanario Judicial de la Federación. Libro 31, junio de 2016.
  - Registro digital: 167445 Instancia: Pleno Novena Época Materia(s): Constitucional, Penal Tesis: P./J. 33/2009

- Tomo XXIX, abril de 2009, p. 1124 Tipo: Jurisprudencia. Fuente: Semanario Judicial de la Federación y su Gaceta.
- Tomo LXIII, página 1696 Tipo: Aislada. Instancia: Cuarta Sala. Quinta Época Materia(s): Civil Fuente: Semanario Judicial de la Federación.
- Instancia: Plenos Regionales Undécima Época Materia(s): Constitucional, Civil Tesis: PR.C.CN. J/8 C (11a.) Fuente: Semanario Judicial de la Federación. Tipo: Jurisprudencia.
- Tomo II, p. 845, Tipo: Jurisprudencia Instancia: Primera Sala, Undécima Época, Materia(s): Civil, Constitucional, Tesis: 1a./J. 50/2021 (11a.), Fuente: Gaceta del Semanario Judicial de la Federación, Libro 7, noviembre de 2021,
- Tomo II, p. 847, Tipo: Jurisprudencia. Instancia: Primera Sala, Undécima Época Materia(s): Constitucional, Civil, Tesis: 1a./J. 51/2021 (11a.), Fuente: Gaceta del Semanario Judicial de la Federación., Libro 7, noviembre de 2021.

- **Tribunales supranacionales**
  - *Corte Interamericana de Derechos Humanos*
    + Caso Lori Berenson vs. Perú.
    + Caso Goiburú y otros vs. Paraguay.
    + Caso La Cantuta vs. Perú.
    + Caso de los “Niños de la Calle” (Villagrán Morales y otros) vs. Guatemala.
    + Opinión Consultiva 8/87, *El habeas corpus bajo suspensión de garantías* (artículos 27.2, 25.1 y 7.6 Convención Americana sobre Derechos Humanos).
    + Caso Palamara Iribarne vs. Chile.
  - *Tribunal Europeo de Derechos Humanos*
    + Morris v. the United Kingdom.+Pabla KY v. Finland.

D) OTROS

- 11/oct/2021 ACUERDO del Tribunal Superior de Justicia del Estado de Puebla, funcionando en Pleno, emitido durante la Sesión Ordinaria de fecha veintisiete de mayo de dos mil veintiuno y modificado en Sesión Ordinaria de fecha veintitrés de septiembre de dos mil veintiuno, por el que se determinan los asuntos que serán sometidos, conocidos y resueltos a través del Juicio Oral Sumarísimo, conforme lo señala el artículo 575 del Código de Procedimientos Civiles para el Estado Libre y Soberano de Puebla.